Ce soir-là, Dieu est mort

Graphisme : Elisabeth Ferté

2, rue Christine - 75006 Paris

Confessions

Ce soir-là, Dieu est mort

Christian Grenier

De La Martinière

Je vous envoie comme des agneaux au milieu des loups.

Évangile selon saint Luc (chapitre 10, verset 3)

À 16 ans, j'ai perdu la foi.
D'un coup.

Aujourd'hui, quand j'interroge
ma mémoire, elle bute moins
sur le drame qui causa cet événement
que sur les épisodes
qui le précédèrent et en mûrirent
le dénouement.

Tout commence sans doute ce jeudi matin, pendant le petit déjeuner pris dans notre cuisine étroite, tandis que mon père tourne entre ses doigts le courrier du cousin Edmond. Un cousin dont le nom est prononcé devant moi pour la première fois.

« Pourquoi n'irions-nous pas ? » demande ma mère.

Peu à peu, je discerne ce dont il est question : les prochaines vacances.

Elles sont pour mes parents un souci permanent. Ils habitent à Paris un minuscule appartement. Autrefois, quand ils étaient tous deux comédiens, le problème ne se posait pas, leur vie de saltimbanques avait des allures de fête permanente. Ma sœur, de seize ans mon aînée, était laissée toute l'année aux soins de ma grand-mère, à Nancy, et je n'existais pas.

Pas encore.

Aujourd'hui, c'est différent. Je suis là, j'ai 8 ans.

Je ne me manifeste pas, je pose peu de questions. Si je me risque à le faire, les réponses qui tombent sont le plus souvent :

« Tu es encore trop jeune, tu comprendras plus tard.

Ou encore :

– C'est comme ça ! »

Je tente donc de décoder le monde au moyen des informations que je glane, à l'école, à la maison, dans les textes qu'on laisse à ma portée ou au fil des conversations que j'épie.

« Ah, ton cousin Edmond ! murmure mon père.

– Chaque année, il nous propose de venir à Besançon. Je suis sûre qu'il serait content de nous accueillir. Il ne connaît pas Christian. »

Dubitatif, mon père hoche la tête. Je me tourne vers le calendrier accroché près du poste de radio. Une éphéméride que ma mère épluche chaque matin, et dont elle lit la blague que je comprends rarement. Imprimée au-dessus du bloc, figure la mention, en majuscules rouges :

EDMOND CHAUSSEUR
BESANÇON
Deux usines, trois magasins

C'est donc lui, ce cousin Edmond.

Lui qui, chaque année, fin décembre, envoie ce calendrier avec ses vœux. Et une invitation à venir lui rendre visite.

Pour achever de convaincre mon père, ma mère lui lance :

CE SOIR-LÀ, DIEU EST MORT

« Tu veux que nous retournions à Langrune ? Ou à Soulac ?

– Non. L'océan, il n'en est plus question. »

Trois ans auparavant, à peine étions-nous revenus de Langrune que mon père a dû se faire opérer. L'année suivante, en octobre, après des vacances à Soulac, il a été hospitalisé d'urgence, il est resté un long mois entre la vie et la mort. Puis, à la surprise des chirurgiens, il s'est rétabli. Avec trois mètres d'intestin en moins, un cœur chahuté, un régime strict et un verdict implacable :

« Vous êtes un miraculé. Considérez-vous en sursis. »

Superstitieux comme le sont les gens de théâtre, mon père se souvenait qu'il était tombé gravement malade à la suite de deux séjours près de l'océan. Jamais deux sans trois, dit-on – il ne voulait pas tenter le diable.

« Tu aimerais louer quelque chose, Roger ? Comme l'an dernier ?

– Ah non ! répond mon père dans une grimace.

– Alors qu'est-ce que je fais ? Qu'en penses-tu ? »

Mon père n'a sans doute pas le choix. Il ne dispose que d'un petit mois de congé. Et ma mère répugne à passer tout l'été ici, à Paris, au cinquième étage de cet appartement exigu. M'envoyer en colonie ? Pas question. Elle juge que je suis trop jeune et doit avoir peur que je lui échappe. Mon père soupire et hausse les épaules, affichant une résignation que je ne comprends pas.

« C'est bon, tu as raison. Écris à ton cousin Edmond. »

À son tour, ma mère soupire. Soulagement ? Pas vraiment. Plutôt satisfaction qu'une décision soit prise et que le problème des prochaines vacances soit réglé. Reste à rédiger ce fameux courrier et cela n'a pas l'air facile. Ma mère se méfie des mots.

Cette lettre, mon père la déchiffrera en silence avant que ma mère ne l'envoie.

La réponse arrive une semaine plus tard, au moyen d'un coup de téléphone. Plus exactement, le jeudi suivant, cinq, six, dix coups précipités sont frappés à notre porte. Ma mère s'élance, ouvre.

« Jeannette ? C'est ton cousin… Viens vite ! »

Celle qui vient de nous avertir est ma tante Marie. Voilà deux ans qu'elle a été engagée par nos voisins comme cuisinière et bonne à tout faire. Eux ont le téléphone. Mon père en a confié le numéro à la direction du théâtre où il travaille. Ce numéro, comment Edmond l'a-t-il découvert ? Pourquoi n'a-t-il pas écrit ? Autant de questions dont personne n'a encore la réponse.

Pendant que ma mère, dans l'appartement contigu, s'entretient au téléphone avec son cousin, ma tante m'embrasse et entre. Elle a les mains pleines de farine ; sous son chignon de cheveux gris et serrés s'affiche un sourire plein de compassion. Elle s'enquiert aussitôt :

« Est-ce que tu récites, chaque soir, les prières que je t'ai apprises ?

– Oui. Un *Notre Père* et le *Je vous salue Marie.*

– Alors tu es un bon petit garçon. C'est normal : tes parents sont très gentils. Grâce à eux, j'ai maintenant d'excellents patrons. »

Depuis qu'elle travaille ici, Marie s'est spontanément chargée de mon éducation religieuse. Une éducation que mes parents ont négligée, même s'ils ont veillé à me faire baptiser. Deux fois par semaine, Marie vient dîner avec nous. Après le dessert, elle me parle de Jésus, des apôtres, de la Vierge qu'elle vénère, et de ce Dieu bienfaisant qu'il faut craindre pourtant, ce Dieu omniprésent à l'affût de mes gestes et de mes pensées. Un pouvoir que j'ai du mal à admettre...

« Mais comment fait-Il, Tante Marie ? Il y a tant d'enfants sur la Terre !

– Chacun de nous possède un ange gardien. Un ange qui veille et nous surveille, et Le tient en permanence au courant. »

Marie, elle, a réponse à tout. Par exemple, quand je demande pourquoi il y a des pauvres et des riches, mes parents me répondent :

« C'est comme ça, voilà tout ! »

Alors que ma tante a une explication :

« Il faut bien qu'il y ait des riches, pour qu'ils puissent donner aux pauvres ! »

Plusieurs fois, dans la rue ou dans la cour de récréation, je me suis retourné brusquement, espérant entrevoir ce gardien attaché à mes pas. Un geste inutile puisque mon ange est invisible, à l'image de mon âme, cette mystérieuse petite chose qui palpite, du côté de mon cœur, et qui, quand mon corps sera mort, s'envolera au paradis.

Déjà, ma mère revient, un sourire aux lèvres et les joues rosies par l'excitation. En deux mots, elle met Marie au courant :

« Le 15 juillet, nous partons pour Besançon. Nous allons chez le cousin Edmond.

– Ah, Edmond ! » soupire ma tante.

Ce jour-là, j'essaie d'en apprendre davantage sur ce mystérieux personnage.

« C'est mon cousin germain, m'explique ma mère. Le fils de la sœur de ton grand-père Alexandre. »

Mon grand-père, c'est le père de ma mère, le mari de cette grosse femme autrefois entrevue, qui habite Nancy et a élevé ma sœur. Cet Alexandre, je ne l'ai pas connu. Je sais qu'il est mort peu après ma naissance ; je n'ai de lui, sur une vieille photo, que le portrait d'un homme maigre et moustachu, à l'aspect sévère, qui pose fièrement devant la vitrine d'un magasin au nom exotique : *La Clinique Savatologique*.

« Ici, c'est moi. Et là c'est lui », me révèle ma mère.

Cette photo, je la connais trop pour avoir su la décoder correctement. Ainsi, ma mère est cette petite fille qui s'accroche à la jambe de mon grand-père ! Et cet adolescent efflanqué en salopette qui se tient poliment en retrait, ce serait le cousin Edmond ?

Pour l'instant, je n'en saurai pas plus.

Le riche et le pauvre se rencontrent ;
c'est l'Éternel qui les a faits l'un et l'autre.

Proverbes (chap. 22, v. 2)

C'est le premier jour des vacances. Mes parents et moi venons d'effectuer le voyage en train, debout, dans un couloir bondé de troisième classe, faute d'avoir payé le petit supplément qui nous aurait assuré une place assise.

À Besançon, le quai de la gare est noir de monde. C'est la foule de la mi-juillet. Nous nous dirigeons vers la sortie et ma mère écarquille les yeux.

« Il n'est pas là ? demande mon père qui ne doit pas connaître Edmond.

– Non. Il possède pourtant les horaires du train puisque c'est lui qui me les a fournis. »

Soudain, parmi les voyageurs apparaît un homme corpulent qui se fraie un chemin à coups d'épaules. Il porte un costume élégant, il a le geste large, le sourire agressif et le verbe haut.

« Jeannette ! braille-t-il. Mais c'est Jeannette ! »

Il se précipite sur elle et la soulève à deux mains. Il n'a pas de mal, ma mère est petite et ne pèse pas très lourd. Elle a souvent joué des rôles de petite fille.

« Edmond, voici Roger, mon mari. Et notre fils Christian.

– Alors c'est vous, le régisseur à la Comédie-Française ? »

Son accent traînant et son ton railleur rendent ce titre de gloire ridicule et ronflant.

« Régisseur à la Comédie-Française ! répète-t-il comme s'il déclamait. Eh bien moi, je suis marchand de chaussures !

– Bah, on a tous quelque chose à vendre. »

Le cousin rit de la repartie de mon père, il finit par lui serrer la main. Bien que je n'aie pas 9 ans, il hésite à m'embrasser et finit par m'effleurer la joue, une caresse de la vigueur d'une claque, un geste qui hésite entre virilité et affection.

« Alors, Jeannette, tu as abandonné ton métier pour élever ce gamin ? »

Le regard d'Edmond me jauge et je devine sa question : entre sa carrière d'actrice et moi, était-ce le bon choix ? Est-ce que je fais le poids ? Il se tourne vers l'inconnu qui, silencieux, attend derrière lui.

« Alors, Labro, grommelle-t-il, tu prends les valises ? »

Le dénommé Labro, dont le visage tanné se cache sous une casquette crasseuse, s'empare de nos paquets et les fourre dans le coffre d'une immense voiture. Il en fait le tour sans se redresser. On me pousse, à l'arrière, sur une banquette moelleuse dont l'odeur particulière me surprend. C'est la première fois que je monte dans une voiture, je suis incapable d'en identifier la marque et le modèle. Mes parents ne possèdent même pas le permis.

Tandis que Labro conduit, Edmond, sur le siège du passager, tourne vers nous son visage rougeaud et réjoui. C'est surtout à ma mère qu'il parle, il est ravi que nous nous soyons décidés à venir. Le cousin affiche deux bijoux en or : une chevalière et une molaire. Quand il parle en gesticulant, leurs éclats semblent se répondre, de la mâchoire à la main.

Dix minutes plus tard, la voiture pénètre dans une propriété où la longue allée bordée de marronniers et de platanes aboutit à une immense villa.

« Dis-moi, s'exclame ma mère, mais c'est magnifique !

– Deux hectares, précise le cousin. Juste derrière la gare. Autrefois, ici, il y avait une ferme et des vaches qui regardaient passer les trains. Dès que j'ai vu le vôtre ralentir, je suis parti. Pratique, non ? »

Des maisons pareilles, je n'en ai vu jusqu'ici que dans les films américains. Pourvue d'un étage où chaque chambre possède son balcon, elle déborde de portes et de fenêtres ; toutes ouvrent sur une terrasse géante qui domine le parc. C'est là que la table est mise.

Edmond nous présente à sa femme, Réjane. Elle porte une robe aussi excentrique que celle des actrices de la Comédie-Française. La cousine embrasse tout le monde, y compris mon père. Elle parle beaucoup, saute du coq à l'âne, nous saoule si bien de paroles que plus personne n'y prête attention. Résignée, elle se tourne vers moi.

« Alors c'est toi, le gamin de Jeannette ? »

Le gamin… C'est ainsi qu'on m'appellera désormais, Réjane et le cousin ne m'apostropheront jamais plus que par ce sobriquet.

Pendant le repas, j'essaie de me débrouiller avec ce qu'une inconnue en tablier blanc dépose dans mon assiette : asperges, escargots... Des mets auxquels je n'ai jamais goûté et qu'il faut, semble-t-il, saisir avec des instruments barbares. Ma mère essaie de me guider.

« À son âge, il a encore besoin de toi ? s'esclaffe Edmond. »

Devant mon embarras, il saisit une asperge entre pouce et index et la fourre tout entière dans sa bouche.

« Fais donc comme moi ! me conseille-t-il. Prends les mains ! »

Je me lance. Mais l'asperge se tord et glisse au moment où je m'apprête à l'engloutir, je la récupère à temps avec ma serviette. Cette acrobatie entraîne de la part d'Edmond une nouvelle cascade de rires.

« Mais il est dégueulasse à table, ton gamin ! »

Je rougis, je me tais, impressionné qu'en un tel lieu, en compagnie de gens comme il faut, jaillissent des mots si orduriers. D'ordinaire, mes parents réagiraient. Ici, mon père n'émet aucune remarque et ma mère se contente de rire, un peu plus fort qu'il ne faudrait.

Au dessert, comme je demande à Réjane où se trouvent les toilettes, le cousin, qui a entendu ma question, lance par-dessus la table :

« Dis-moi, Jeannette, si ton gamin est aussi dégueulasse aux cabinets qu'à table, il faut que tu l'accompagnes pour le torcher ! »

Ma mère a pris le parti de ne pas réagir, et je lui en veux.

Enfermé dans les toilettes, je ravale mes larmes et maîtrise ma rancœur. Je n'ai pas l'habitude de répondre aux attaques, surtout à celles des adultes, encore moins quand mes parents sont présents.

Même à dix mètres de là, Edmond me poursuit de ses sarcasmes et me crie depuis la terrasse :

« N'hésite pas à prendre beaucoup de feuilles pour t'essuyer ! De toute façon, ici, je ne paie pas le papier !

– Comment ça ? demande ma mère, intriguée.

– Qu'est-ce que tu crois ? Ça passe dans les frais du magasin ! C'est comme ça que j'arrive à ne pas payer d'impôts ! »

À mon retour, je découvre, debout près de la table où le café a été servi, un couple de jeunes gens inconnus. On ne juge pas utile de me les présenter, je passe inaperçu et je ne m'en plains pas. Très vite, je comprends qu'il s'agit de Marc, le fils du cousin, et de sa femme Léone, dont le ventre est très rebondi. Ils ont avec Edmond l'attitude déférente de deux employés face à leur patron. Le cousin, qui regarde sans cesse sa montre, n'a plus le cœur à la rigolade. Il ordonne à Marc d'aller ouvrir le magasin et confie la clé de la caisse à Léone, il évoque les arrivages, la vitrine que l'étalagiste doit réaménager, les vendeuses qu'il faut mettre au courant de la nouvelle collection d'été...

Edmond a changé de registre. Il a quitté son rôle de comique pour endosser, face à ses enfants, celui du chef d'entreprise intransigeant.

Peut-être parce qu'il a aujourd'hui à sa table un public inédit ? Je me demande comment il se comporte et s'exprime au naturel, dans la vie. À peine Marc et Léone se sont-ils éclipsés qu'Edmond se lève, se retourne et braille :

« Hé, le crouillat, tu fais la sieste ? »

Une seconde plus tard, Labro jaillit sur la terrasse. Il porte l'index à sa casquette, affiche un sourire soumis.

« Tu vas décharger les boîtes et les ranger dans la réserve, lui ordonne

Edmond en désignant, de l'autre côté de l'allée, un long hangar devant lequel un camion stationne. Si vous n'avez rien à faire, ajoute-t-il en direction de mes parents, vous pourrez lui donner un coup de main.

– Edmond, tu exagères ! proteste Réjane. Ils sont là pour se reposer.

– C'est la meilleure façon de connaître les lieux, non ?

– Je vais d'abord vous montrer vos chambres, reprend Réjane. Venez. »

Nous la suivons dans un grand vestibule que prolonge un escalier en marbre. Au premier étage, chaque chambre est deux fois plus grande que notre salle à manger de Paris. La mienne, contiguë à celle de mes parents, était occupée par leur fils, Marc, il n'y a pas encore si longtemps.

« Il y a laissé ses affaires de jeune homme, me dit Réjane en ouvrant un placard. Et ses livres d'enfant. Tu aimes lire ?

– Oui. »

J'en rougis de plaisir. Des romans, des bandes dessinées, des albums, des illustrés... Finalement, je vais passer de très bonnes vacances. Sauf que Réjane me chasse en me recommandant :

« Mais pour l'instant va jouer dehors. Il fait beau. Promène-toi dans le parc. Et ne t'approche pas trop de la niche de Ralph. »

Le regard sévère de ma mère m'indique que ce conseil est plutôt un ordre. Je décampe.

Avant de rejoindre la terrasse, je jette un coup d'œil dans la salle à manger. Par la porte vitrée entrouverte, j'aperçois une pièce sombre, car les volets sont fermés. Pourtant tout semble y briller : la longue table de bois verni, les verres et les bibelots enfermés dans de hautes vitrines, le bar dont la courbe épouse celle d'un interminable bow-window.

« Oh, il ne faut pas entrer ici, jeune homme ! M. Edmond ne serait pas content, le parquet doit rester impeccable ! »

C'est la cuisinière ou la bonne, celle qui nous a servis à table. J'engagerais bien la conversation avec elle, mais elle a remis le nez dans la vaisselle qui semble l'absorber totalement.

Bien que le parc soit immense, j'en ai vite fait le tour. Ici, la nature semble domestiquée, astiquée comme les meubles de la salle à manger. Entre les arbres de l'allée se dressent des colonnes de pierre surmontées d'une vasque où poussent des géraniums. Pas un écureuil en vue, pas une feuille morte sur le gazon. Même les oiseaux semblent avoir déserté ces lieux. Allons-nous passer deux mois et demi ici ? Je crains d'être pris au piège, enfermé dans une prison dorée.

En explorant un bosquet près duquel se dresse une statue, je fais une découverte inattendue : un vélo ! Il est à ma taille et semble neuf. Qui a pu le dissimuler ici ? À peine me suis-je posé cette question que j'entends crisser le gravier. Soudain, un enfant me fait face. Il doit avoir mon âge — non, il est plus jeune. Il paraît aussi interloqué que moi et me demande qui je suis.

Je lui explique que je suis arrivé avec mes parents, cet après-midi.

« Moi, je m'appelle Aubin, me dit-il d'une voix presque rassurée. Je suis le fils aîné de... de Marc et Léone. »

Je devine qu'Aubin me ressemble. Bien qu'il soit chez lui, il a l'attitude timide et gauche d'un invité.

« L'aîné ?

– Oui, j'ai deux frères, Mic et Antoine. Et peut-être bientôt une sœur.

– Comment le sais-tu ?

– Ma mère attend un bébé, tu n'as pas vu ? »

Non, je n'ai pas vu de bébé. Aubin s'aperçoit que je ne comprends pas. Il me montre son ventre et écarte les mains. Je deviens écarlate. Alors, ce serait vrai ? Les bébés poussent dans le ventre de leur mère ? Pourtant, ma tante Marie m'a affirmé qu'ils naissaient dans les choux.

« Je suis venu chercher mon vélo, m'explique Aubin. Ce soir, mes parents m'emmènent chez ma grand-mère.

– Ta grand-mère ! Ce n'est pas Réjane ?

– Je vais chez la mère de ma mère, elle habite à Pontarlier.

– Et tu vas rester là-bas longtemps ?

– Jusqu'à la rentrée des classes, je suppose. »

Je ne lui cache pas ma déception.

« Pourquoi ranges-tu ton vélo ici ? »

Il rougit, comme pris en faute, et m'explique enfin à voix basse :

« Grand-père n'aime pas me voir jouer dans le parc. Hier, il est arrivé à l'improviste et j'ai préféré cacher la bicyclette dans les taillis. »

Il me dévisage un peu mieux.

« Si je comprends bien, me dit-il, nous sommes cousins ?

– Oui. Un peu, je crois bien.

– Tu vas rester chez mes grands-parents tout l'été ? »

L'angoisse qui transpire dans sa question m'inquiète soudain.

« Peut-être. Je n'en sais rien.

– Écoute, décide-t-il en me tendant le guidon. Je te laisse mon vélo !

– Quoi ? Mais... tu ne peux pas faire ça ! Tes parents...

– Ils ne diront rien. C'est mon vélo, j'en fais ce que je veux.

– À Pontarlier, comment feras-tu ?

– Là-bas, mon frère en a un. Et ma grand-mère me prêtera le sien. »

Ce prêt est un cadeau somptueux. Aubin m'adresse un grand sourire. Le sourire de ceux qui aiment faire plaisir. Il évente mes derniers scrupules :

« N'aie pas peur, grand-père ne te dira rien. Ici, tu es un invité !

– Non. Ce n'est pas ça qui m'ennuie. En réalité, Aubin… eh bien voilà : je ne sais pas faire de vélo. Je n'ai jamais eu de bicyclette. »

Va-t-il se moquer de moi ? Non. Tout à coup, il s'enfuit, me jette :

« Attends... Attends-moi ici ! »

Cinq minutes plus tard, il revient avec deux tiges métalliques munies de petites roues.

« Avec elles, tu ne tomberas pas. Tu as deux mois pour t'exercer. Maintenant, il faut que j'y aille...

– Aubin… Où habites-tu exactement ?

– Moi ? Là-bas, avec mes parents. »

Derrière le long hangar qu'Edmond a appelé la « réserve », se dresse une maison de briques. Sans doute la ferme qui, à l'origine, se trouvait sur ce terrain. Intrigué, je demande :

« Pourquoi ne vivez-vous pas dans la maison du cousin… je veux dire, de ton grand-père ? Il y a six chambres au premier étage !

– Mes parents ont acheté le terrain. Notre maison est petite, mais elle nous appartient. Et moi, je suis très content comme ça. Écoute… cette fois, je dois vraiment m'en aller.

– C'est très dommage que tu partes à Pontarlier ! »

J'ai des scrupules à le retenir. Je me contente d'ajouter :

« Pour le vélo, Aubin… merci ! »

Stupidement, je lui tends la main – mais nous tombons presque aussitôt dans les bras l'un de l'autre.

Ah, je suis drôlement heureux d'avoir un petit cousin !

Ne mange pas le pain
de celui dont le regard est malveillant,
Et ne convoite pas ses friandises.

Proverbes (chap. 23, v. 6)

Je passe le reste de l'après-midi à m'exercer sur les allées du parc. Soudain, je tombe sur un sentier inconnu. Il aboutit à une sorte de remise à outils qui dispose d'une fenêtre garnie de petits rideaux.

Je pousse la porte. Surprise : cette maisonnette est habitée ! Le lit n'a pas été fait. Sur la cuisinière à charbon ventrue est posée une bouilloire noire de crasse. **Qui peut vivre dans cette cabane de sorcière sombre, poussiéreuse, isolée ?** Conscient d'avoir commis une indiscrétion, je sors et referme la porte avec soin.

J'abandonne le vélo d'Aubin sous le bosquet où je l'ai trouvé et je rejoins la propriété. Je monte dans ma chambre pour y choisir un Jules Verne et je reviens sur la terrasse sans croiser personne. Pour lire, je m'assois sous un marronnier. Une voix brutale et bourrue me tire soudain du *Nautilus* où je suis retenu prisonnier.

« Qu'est-ce que tu fais là ?

Je me lève d'un bond. C'est Edmond.

– Je... eh bien, je lis.

– Ah, tu lis ! »

Il a prononcé ces mots avec le ton emphatique et goguenard dont il avait affublé l'expression : « régisseur à la Comédie-Française. »

« Eh bien, tu ferais mieux d'aller dans la réserve aider tes parents, au lieu de te distraire ! Est-ce que je lisais, moi, à ton âge ? »

Pris en faute, je suis Edmond jusqu'au hangar, où m'agresse une puissante odeur de cuir et de caoutchouc. Ici des centaines, des milliers de boîtes à chaussures sont entreposées, superposées. Au fond de la salle, ma mère range les escarpins qui viennent d'arriver.

« Je vous amène un apprenti, lance Edmond qui s'éclipse aussitôt. »

Patient, Labro m'explique :

« Là, ce sont des bottes pour la pêche. Et ça, des cuissardes. Va les aligner sur les rayonnages A et B. »

La tâche n'est pas rebutante. En parcourant le dédale des allées, je me figure être tour à tour Thésée dans le labyrinthe et Nemo à l'intérieur de son *Nautilus*. Une heure plus tard, Edmond surgit.

« Toi, le crouillat, tu restes ici pour terminer de ranger. Jeannette ? Roger ? Venez, nous allons au magasin. »

Le cousin nous fait monter dans sa voiture et file vers le centre-ville.

De temps en temps, il nous désigne fièrement une pancarte :

EDMOND CHAUSSEUR

« Mardi, je vous emmènerai dans mon magasin de Vesoul. »

Il a confié celui de Besançon à son fils Marc et celui de Pontarlier à un mauvais gérant. Il se plaint d'être entouré d'incompétents.

Le magasin, univers de lumières et de luxe, m'éblouit. Debout, alignées à l'entrée, les vendeuses nous saluent d'un sourire forcé.

« Yvette ? Occupez-vous de madame. »

Madame, c'est maman. Pendant qu'Yvette lui fait essayer plusieurs paires, Edmond oriente les clients, les gratifie d'un conseil, désigne d'un geste un modèle, glisse une fiche sur le comptoir derrière lequel Léone joue à la caissière. Entre eux, pas l'ombre d'une complicité. Et je ne suis pas moins stupéfait quand Edmond, avisant son fils, l'apostrophe :

« Monsieur Marc, n'avons-nous pas ce modèle de mocassin en 41 ?

– Si, monsieur Edmond. Je vous l'apporte. »

Du théâtre. Pour un peu, je poufferais de rire. Mais je suis trop impressionné. Quand un client franchit le seuil, le regard du cousin se porte vers ses pieds. En une seconde, le nouvel arrivant est jaugé.

Au bout d'un quart d'heure, mes parents sont chaussés de neuf. On m'a imposé une paire de sandalettes élégantes qui me blessent le talon. Quand je l'avoue à voix basse à la vendeuse, Edmond affirme :

« Elles se feront. »

Formule mystérieuse qui s'apparente à celle du camembert : quand il est ferme, c'est qu'il n'est pas assez fait, il faut le laisser se faire. Une expression voisine de celle qu'affectionne ma mère : « faire avec ». Ce qui suppose mille compléments d'accompagnement : faire avec la maladie, la guerre, l'absence, le chômage, un appartement trop petit...

Faire avec, c'est accepter, plier, s'adapter. Surtout ne pas se révolter.

Ma mère, qui a sorti son porte-monnaie, se lève pour aller à la caisse. Edmond la force à se rasseoir.

« Avec ce que vous portiez, vous me faisiez honte ! » répond-il sans que je mesure la part de sincérité et d'humour.

Une fois caissières et clients partis, Edmond et Marc recommencent à se tutoyer.

Bien que le spectacle soit terminé, le cousin, face à son fils, continue à tenir le premier rôle : celui du chef avec un employé.

À notre retour dans la propriété, nous dînons dans la cuisine, avec les restes du déjeuner puisque la cuisinière est partie.

« À la bonne franquette ! » explique Réjane en riant.

Le repas, pris beaucoup plus tard qu'à la maison, n'en finit pas.

Pourtant, les conversations m'intéressent. Il y est question de ma grand-mère, de ma sœur et des malentendus du passé.

« Quand j'étais apprenti chez mon oncle Alexandre, explique Edmond à sa femme, je ne mangeais pas à ma faim tous les jours ! J'étais l'enfant de la honte – pense donc, ma mère n'était pas mariée ! Eh bien, Jeannette, elle, partageait toujours avec moi son goûter, en cachette. Ça, vois-tu, Réjane, je ne l'ai jamais oublié. »

La Clinique Savatologique était en fait une cordonnerie et mon grand-père Alexandre son propriétaire. Quand sa sœur avait donné naissance à Edmond, il l'avait recueilli et le cousin était devenu son apprenti. Si bien que ma mère et Edmond se voyaient tout le temps. Mais après la dernière guerre, le vent avait tourné. L'apprenti avait fait fortune dans la chaussure.

Pourquoi, durant toutes ces années, ne s'étaient-ils plus fréquentés ?

Et comment Edmond, en si peu de temps, était-il devenu propriétaire de tant de biens ?

« Christian est fatigué, déclare soudain ma mère, pour lui la journée a été bien longue. Est-ce qu'il peut aller se coucher ?

– Mais oui, Jeannette, tu vas même aller le border ! Il n'est pas dégueulasse au lit, au moins ? Il ne fait plus pipi la nuit ? »

C'est à ma mère qu'Edmond parle, mais c'est moi qu'il regarde avec un œil rigolard. Furieux, je me lève et cours vers l'escalier.

Dans ma chambre, je constate que le sommeil m'a quitté. Une expression me revient en mémoire : Edmond était *l'enfant de la honte*. Parce que sa mère n'était pas mariée. C'est ce qui avait failli arriver à la Vierge. Quand l'ange Gabriel lui avait annoncé qu'elle aurait un fils, elle s'était vite mariée avec Joseph. Pourquoi ?

« C'était plus convenable », m'a expliqué ma tante.

Je ne vois pas ce que cela change. Sans Joseph, Marie aurait-elle eu cet enfant ? Mais oui. En ce cas, à quoi servirait Joseph ?

« Il lui apprendrait le métier de charpentier. »

En somme, mon grand-père a appris son métier à Edmond et il lui a servi de père. **Mais si Jésus était devenu le sauveur du monde, Edmond, lui, était resté l'enfant de la honte.**

Ici, il n'y a personne pour m'ordonner d'éteindre. Mais quand des pas retentissent dans l'escalier, j'éteins aussitôt la lumière.

Dans la chambre voisine, mes parents discutent à voix basse. Ils ne semblent pas d'accord. Leur dialogue lointain me berce et m'endort.

Quand je descends dans la cuisine le lendemain matin, Edmond me salue à peine. Il ne cesse de grommeler, mécontent :

« Pourquoi ? Vous n'êtes pas bien ici ? »

Mes parents ont bien préparé leur duo : ils ne voudraient pas gêner les cousins et préféreraient louer une maison dans un village, à proximité.

« Y aurait-il une église près d'ici ? demande ma mère. On est dimanche et Christian suivra le catéchisme à la rentrée. »

Le cousin lui répond avec une indulgence amusée :

« Ton gamin est encore à l'âge où on croit à tout ! Au petit Jésus, au marchand de sable, au Père Noël et à la petite souris ! »

Là, je reste interloqué. Le marchand de sable est une image, je le sais. Quant à la petite souris, j'ai compris que c'est ma mère qui, en échange d'une dent de lait, glisse la nuit un sachet de bonbons sous mon oreiller...

« Mais il y croit ? Je rêve ! Il croit encore au Père Noël ! »

Cela éclate sur mon visage avec une telle évidence que le cousin, ébahi et ravi, s'en tape de joie sur les cuisses.

« Il y croit ! À 8 ans, il y croit toujours !

– Maintenant, il n'y croit plus », rectifie ma mère, plus humiliée que vexée.

Donc, le Père Noël n'existe pas. Ce n'est pas cette information qui me choque, mais le fait qu'elle me soit révélée devant témoin et par un étranger. D'un coup, le monde est plus fragile, incertain.

Malgré mon désarroi, je dois poser une autre question majeure. Edmond sera mon allié. Car lui connaît toutes les vérités.

« Et Jésus ? Est-ce qu'il existe, Lui ?

– Mais oui, gamin ! Et puis c'est très bien, il faut croire au bon Dieu !

– Toi, est-ce que tu y crois ? »

Pantois, le cousin jette un sifflement et prend mes parents à témoin :

« Ma parole, vous voulez en faire un curé ? Tu entends, Jeannette, la façon dont il me soumet à la question ? Un véritable inquisiteur !

– Edmond, tu exagères, murmure Réjane. Tu vas traumatiser le gamin.

– Mais c'est lui qui me traumatise ! Il a une vocation de prédicateur, ce môme, un vrai martyr chrétien ! »

Il saisit une assiette, fait mine de me la coller sur la tête et me lance :

« La messe, gamin… j'irai même avec toi ! Et cet après-midi, nous assisterons à un match de foot. J'ai des places réservées. À l'église comme au stade. Il suffit d'y mettre le prix ! »

Le pire, c'est qu'Edmond a dit vrai : dans la cathédrale, il possède réellement un siège, au troisième rang, où son nom est gravé sur une plaque de cuivre. Je suis très impressionné. Cette place doit coûter très cher, je connais les tarifs des premiers rangs à la Comédie-Française, même si j'entre toujours sans payer.

Le cousin n'est pas très attentif à l'office que dirige un petit prêtre rond aux allures de moine. Au moment de la quête, il dépose dans la corbeille un gros billet. C'est peut-être le tarif du troisième rang, car son voisin, un vieux monsieur chauve, abandonne un billet identique.

Ma mère, qui nous a accompagnés, me fait signe de baisser la tête. Elle a raison, je dois prier. Pour mes ennemis, comme ma tante me l'a appris, afin qu'ils gagnent le paradis. Aussitôt, le nom d'Edmond me vient à l'esprit. Serait-il un adversaire ? Non. Mais il a beau fréquenter l'église, je crains qu'il ne lui faille un sacré coup de pouce pour se hisser jusqu'au bon Dieu. Je suis si sincère dans mon pardon que je me juge digne de demander une petite faveur : revoir Aubin, m'en faire un ami.

À la sortie, nous apercevons Edmond en grande discussion avec le vieillard chauve. Face à lui, il a mis sa superbe dans la poche, adoptant le rôle inattendu de celui qui écoute, approuve et apprend. Quand il nous rejoint, il nous livre les titres de gloire de l'inconnu : ancien combattant, membre du conseil municipal, président de telle association, doyen de telle autre...

« La Légion d'honneur ? dit ma mère. Ce serait formidable, en effet. »

Je me risque à demander ce que c'est.

« Une distinction, m'explique-t-elle. Une récompense. Une médaille. »

Ce titre doit être plus difficile à négocier qu'une place au troisième rang.

L'après-midi, Edmond nous emmène assister au match. Mon père s'étonne que nous passions devant la caisse sans payer.

« Oh, explique le cousin avec importance, ici, j'ai mes entrées. Et puis je laisse assez d'argent au club ! »

Il désigne le bas des gradins où des banderoles affichent : *Edmond Chausseur*. Au lieu d'être assis en plein air, nous avons droit à la tribune couverte. Là, Edmond ne cesse de serrer des mains. À l'issue de la partie, au moment où nous quittons le stade, il pâlit en apercevant un berger allemand qui sinue entre les travées.

« Mais… c'est Ralph ! »

L'animal, museau baissé, s'approche en remuant la queue.

« Petit merdeux, tu t'es encore échappé ? »

Ralph se frotte contre la jambe de son maître, quémandant son pardon.

« Vingt dieux, tu sais ce que tu mérites ? »

Du pied, Edmond frappe violemment le chien, qui hurle de douleur, rampe, s'aplatit contre terre. Une rossée qu'il accepte, qu'il semblait presque espérer.

« Ce salopiot a encore sauté par-dessus le mur du parc ! nous explique-t-il. Un mur qui dépasse deux mètres ! »

Le cousin jette sur son chien un regard où perce une évidente fierté.

« C'est un petit malin ! Non… couché ! » ordonne-t-il en levant la main.

Ralph, qui se croyait pardonné, s'affale

et aplatit les oreilles. Au fond, même si Edmond le blâme pour avoir enfreint la loi, il admire et loue la témérité de son chien. Comme si certaines façons de désobéir devaient forcer l'admiration.

Pendant ma prière du soir, je ne sais à quel saint me vouer.

Aujourd'hui, trop d'événements troublants se sont succédé. Si ma foi est toujours aussi sincère et ardente, je me demande où est la vérité, qui croire, quel comportement adopter...

Heureux les pauvres en esprit,
car le Royaume des cieux est à eux.
Évangile selon saint Matthieu (chap. 5, v. 3)

À la fin de la semaine suivante, après nous avoir imposé la visite de ses deux usines et de ses trois magasins, Edmond nous annonce la bonne nouvelle pendant le dîner :

« Je vous ai trouvé une petite location. À vingt kilomètres d'ici. Dans un village au bord de l'Ognon, Chambornay-lès-Bellevaux. »

Le nom me séduit, car il sent bon la campagne.

Le cousin a versé une avance au fermier, il est sûr que la maison nous plaira. Mes parents ne discutent pas, ils le remercient avec chaleur.

À la veille de notre départ, je m'apprête à ranger le vélo du côté de la remise à outils. Là, surprise : la porte s'ouvre... et Labro apparaît. Il reste aussi muet que moi.

Je bredouille :

« Vous… vous habitez là ?

– Oui. Mais oui, pourquoi ? »

J'ai envie de lui répondre : parce que c'est minuscule et sale. Mais Labro lui-même est petit et guère soigné : ses mains et sa salopette sont toujours maculées de terre, de boue ou de cambouis selon qu'il s'occupe des plantes, de la fosse septique bouchée ou de la tondeuse en panne.

L'homme à tout faire du cousin a lu dans mes pensées.

« Tu sais, je suis très bien, ici ! s'empresse-t-il de m'affirmer. Je vis seul, j'ai bien assez de place ! »

J'approuve, peu convaincu.

Je me demande ce qui relie Edmond à cet homme qui lui semble entièrement dévoué. Je n'ose pas l'interroger.

Mais je l'aime bien et il me manquera. Je lui montre le vélo d'Aubin.

« Vous savez que je m'en vais demain ? Ce vélo...

– Oui, je sais. Laisse-le-moi, je le remettrai en place. »

Je soupire, soulagé d'un grand poids.

« Merci, monsieur Crouillat.

– Je ne m'appelle pas Crouillat mais Labro. »

Dans ses yeux passent des souvenirs inconnus, lointains, où domine le chagrin. Soudain, il me jette d'une voix plus nouée que ses mains :

« Va-t'en vite. M. Edmond n'aimerait pas te voir ici. Va, tu es un brave petit. »

À Chambornay-lès-Bellevaux, ce n'est pas une maison qu'Edmond a louée mais deux petites pièces sombres attenantes à une ferme. L'intérieur est rustique et sans confort. Pour aller aux W.-C., il faut traverser le jardin et rejoindre une hutte branlante. Mais la rivière est à deux pas, le village entouré de forêts et de prairies.

À mes yeux, c'est un petit paradis.

Chaque jour, j'échappe à la vigilance de ma mère pour flâner en forêt, explorer une grotte, gambader dans les prés, aider à faner les foins et m'initier le soir à la traite des vaches. Je jouerais volontiers avec les garçons du village, mais ils se méfient de ce petit inconnu trop bien habillé qui vient de la ville.

Une ou deux fois par semaine, nous avons droit à la visite d'Edmond et de Réjane. Ma mère les retient à dîner. Certains dimanches, le cousin nous accompagne au bord de l'Ognon et, muni d'un matériel compliqué, il nous donne des leçons de pêche au brochet. Mais dès qu'il est reparti, mon père abandonne les moulinets coûteux qu'Edmond lui a prêtés et il ressort sa bonne vieille canne à pêche. Ce qu'il aime, ce n'est pas ferrer du gros poisson mais taquiner le gougeon, assis au bord de la rivière. Neuf fois sur dix, il remet d'ailleurs à l'eau les six ablettes qu'il a passé tout l'après-midi à pêcher.

Un soir, je pose enfin la question qui me brûle les lèvres depuis que ce cousin a surgi dans notre vie :

« Edmond est riche, très riche, n'est-ce pas ?

– Oh oui ! admet ma mère dans un soupir qui pèse plusieurs millions.

– Et avant, il ne l'était pas ?

– Non. Il était l'apprenti de mon père. Il n'avait même pas de quoi s'acheter un quignon de pain pour goûter. »

Elle sourit à l'évocation de ce souvenir qui, visiblement, l'attendrit davantage que son cousin. Puis elle conclut :

« Ah, on peut dire qu'il est parti de rien !

– Alors, comment est-il devenu si riche ? »

Ma mère réfléchit, hésite et finit par hausser les épaules. La vraie réponse à ma question, suis-je encore trop jeune pour l'entendre ?

« Il s'est bien débrouillé, c'est tout ! »

Pris à témoin, mon père approuve d'une grimace.

« Pour ça, il a su y faire !

– Eh bien, oui ! répond ma mère sur un ton qui n'admet pas de réplique. Il a su y faire mieux que nous ! »

Peu après, nous apprenons que Léone a eu un bébé. Un garçon qui s'appelle Éric.

Aubin n'aura pas de petite sœur.

Aubin... Il m'arrive d'y penser, mais il n'est pas question de lui écrire. Encore moins de lui téléphoner. Il disparaîtra de ma vie jusqu'à l'été suivant.

***

À la rentrée des classes, je fréquente assidûment le catéchisme.

Chaque jeudi après-midi, au patronage de la paroisse, je suis les cours de l'abbé qui nous enseigne les Évangiles. L'histoire sainte me passionne et la morale qui en découle me séduit, même si la plupart des adultes et des camarades qui m'entourent semblent peu ou mal l'appliquer. Sur la pression du curé, ma mère a décidé de m'inscrire aux louveteaux. Pour m'initier à la vie en collectivité.

Dans la meute, j'apprends de nouveaux rituels comme la B.A. quotidienne. Dieu est toujours présent et Sa pensée me guide. Quand j'ai une hésitation sur l'attitude à adopter, je pose la question :

« Conseillez-moi, mon Dieu. Dites-moi ce que je dois dire ou faire. »

Jésus est mon modèle. Faute de pouvoir Lui ressembler, je me demande comment Il agirait dans telle ou telle situation.

D'ailleurs, les prêches et mon modeste livre de catéchisme ne me suffisent plus. Je me suis mis dans l'idée de lire la Bible. Mes parents n'y semblent pas opposés. En fait de livres religieux, je possède seulement deux albums offerts par ma tante : l'*Histoire de l'enfant Jésus* et *Ma petite histoire sainte*, qui propose des extraits simplifiés de l'Ancien Testament : Noé, Joseph vendu par ses frères, Moïse, David et Goliath... Je suis très impatient de découvrir les autres épisodes.

L'ouvrage, très épais et imprimé sur papier fin, coûte moins cher que je le redoutais. La première que j'informe de mon achat est ma tante. Impressionnée, elle feuillette l'énorme volume, déplore l'absence d'images et me recommande :

« Commence par le Nouveau Testament. »

Ce conseil me paraît étrange. À 10 ans, je viens de me lancer dans *Les Trois Mousquetaires* et je sais qu'il existe une suite,

Vingt ans après. Pourquoi commencerais-je par la deuxième partie d'un livre dont le début raconte la création du Ciel et de la Terre ?

Le soir, après avoir fait mes devoirs, j'attaque la Genèse.

La lecture est ardue. Le sens d'un mot sur trois m'échappe, mais leur exotisme me fascine : Pischon, Havila, bdellium, onyx, Guihon, Gush, Hiddékel... Très fier, le jeudi suivant, j'apporte au catéchisme mon nouveau livre de chevet.

« Malheureux ! s'écrie le bon curé. C'est une Bible de protestants ! »

Mon achat imprudent permet d'ouvrir un débat : les vrais chrétiens, ce sont les catholiques. Les protestants, eux, sont de dangereux déviants, ils ne croient pas en la Vierge Marie ; et pour la confession, ils ne recourent à aucun intermédiaire. Ils s'adressent directement à Dieu et, par surcroît, ils le tutoient, quel sacrilège !

Je suis troublé. Car parfois, je m'adresse aussi à Dieu. Et si je tutoie ceux que j'aime, cela ne m'empêche pas de les respecter. Aurais-je acheté cette Bible pour rien ?

« L'histoire de Jésus est bien là, dans les Évangiles ? »

Le curé l'admet.

« Et quand vous dites la messe le dimanche, mon père, les extraits que vous nous lisez ? Les épîtres de Paul aux Corinthiens ?...

– C'est dans la Bible, évidemment.

– Y en aurait-il une autre ? Une Bible catholique ?

– Non. Il n'existe qu'une seule Bible, mais… »

Le curé insiste sur le Nouveau Testament tout en admettant que la Genèse, Noé, Moïse... figurent bel et bien dans l'Ancien.

C'est ce que je voulais savoir. Je lirai donc la Bible. Quelques pages chaque soir. Je me suis juré de l'achever avant ma première communion.

Certains passages me posent problème, mais je n'ai pas besoin de leur trouver un sens. Je me laisse bercer par le rythme, la musique des mots. Très vite, je renonce à retenir les noms égrenés en interminables listes : *Achaz engendra Ézéchias ; Ézéchias engendra Manassé ; Manassé engendra Amon...*

Je me demande pourquoi, sur les douze apôtres, quatre seulement ont raconté l'histoire de Jésus. Je donnerais très cher pour avoir la version de Judas, et comprendre les vrais motifs de sa trahison qui doivent être mille fois plus importants que trente pièces d'argent.

En revanche, je bute sur certaines incohérences : selon Matthieu, on doit donner au fils de la Vierge le nom d'Emmanuel, alors pourquoi Joseph l'appelle-t-il Jésus ? Et comment se fait-il que Joseph « prit sa femme avec lui, mais il ne la connut point jusqu'à ce qu'elle eût enfanté son fils premier-né ? »

« Joseph est avec sa femme mais il ne la connaît pas ? »

Ma tante ne cache pas son embarras.

« Et pourquoi la Bible ne parle-t-elle pas du purgatoire ?

– Comment ça, elle n'en parle pas ? »

Non. Le paradis, j'ai bien compris qu'il s'agit du Royaume des cieux. Quant à l'enfer, c'est le domaine de Satan, « le châtiment de la géhenne » que subiront ceux qui n'auront pas droit à la résurrection. Mais le purgatoire ?

« Pourquoi t'intéresses-tu autant au purgatoire ? »

Il me faut bien du courage pour le révéler : à en croire Matthieu, Jésus a dit : *Il y a beaucoup d'appelés mais peu d'élus.*

« La vie est longue, ma tante. Et je suis résolu à faire le bien. Mais en admettant que je parvienne à confesser mes péchés, je ne suis pas sûr qu'ils me soient tous pardonnés.

– Que veux-tu dire ? »

C'est pourtant simple : au Jugement dernier, Dieu ne va tout de même pas faire basculer en enfer ceux qui ont encore quelques broutilles sur la conscience ! Voilà pourquoi l'idée du purgatoire me séduit : un séjour là-bas ne m'effraie pas trop, pourvu qu'il soit bref. Mais si je rate le paradis de peu, ne serait-il pas injuste que je sois condamné à l'enfer pour l'éternité ?

À la vérité, la notion même d'enfer me trouble. Car ceux qui s'y trouvent ont commis de très graves péchés mortels, mais certains sont mille fois plus mortels que d'autres. Hitler bénéficie-t-il d'un enfer spécial où Dieu lui réserve des supplices particulièrement horribles ?

Déçu, je constate que ma tante bute sur mes questions.

Elle évoque des problèmes de traduction, les sens différents des mots, le grand mystère de la Foi qui commande de croire sans comprendre. Mais bientôt, au bout de mes interrogatoires pressants, la stupéfiante vérité m'apparaît : ma tante Marie n'a jamais lu la Bible. D'ailleurs elle sait à peine lire, elle n'est vraiment à l'aise qu'avec son missel du dimanche dont elle connaît par cœur les chants, prières et incantations...

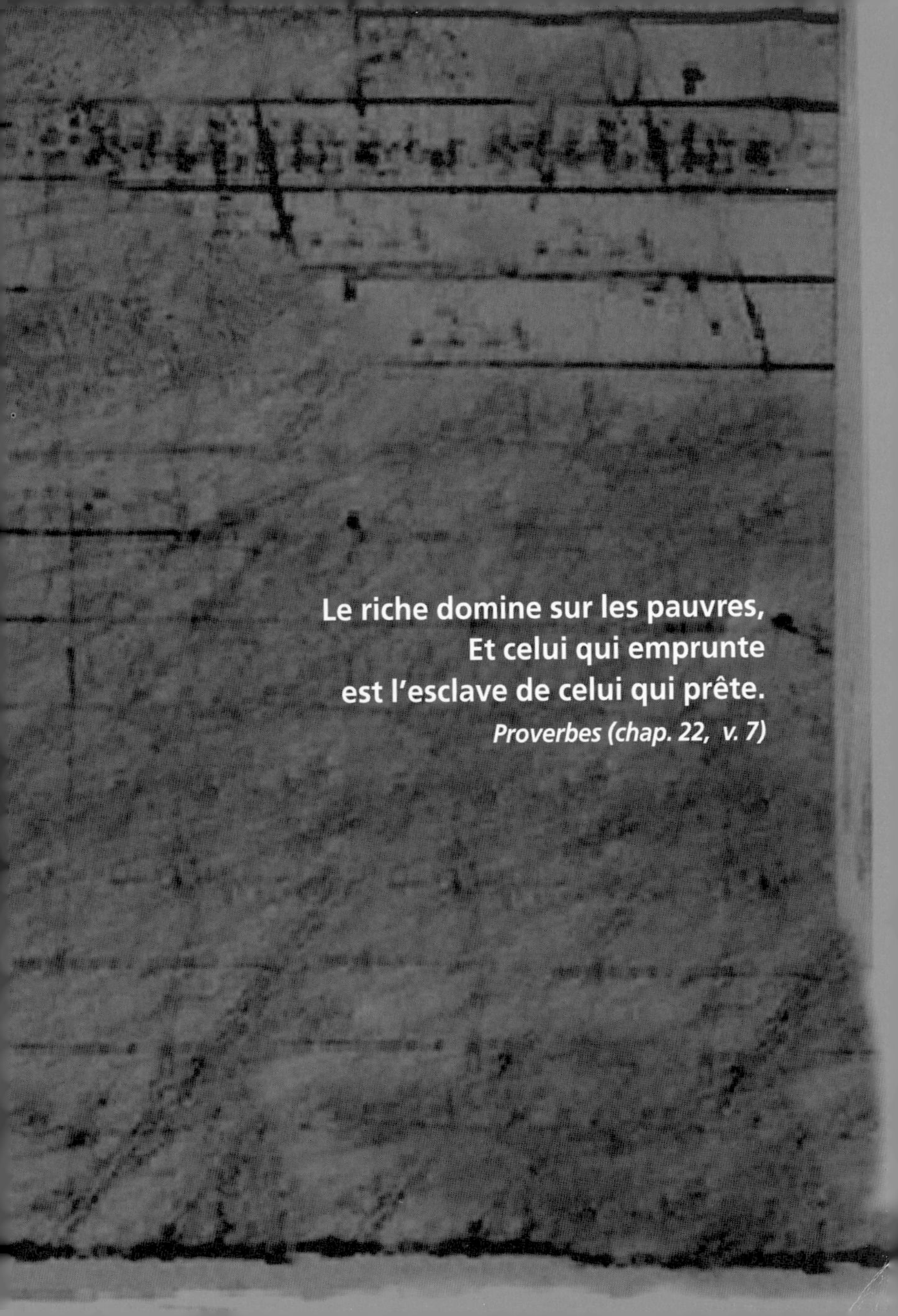

Le riche domine sur les pauvres,
Et celui qui emprunte
est l'esclave de celui qui prête.
Proverbes (chap. 22, v. 7)

Bien que je ne croie plus au Père Noël, j'ai cette année-là le plus beau des cadeaux...

Un vélo.

Certes, il est bleu – et dans mon esprit, un vélo est plutôt rouge. De plus, je l'utilise rarement. Dans les rues du quartier, il n'en est pas question. Au printemps, le moindre jour de congé et le plus petit rayon de soleil sont le prétexte à pousser jusqu'aux fortifications, voire au bois de Boulogne.

Avec l'été qui approche se pose une nouvelle fois le problème des vacances. Cette année, Edmond ne s'est pas contenté d'envoyer un calendrier. Il a ajouté pour chacun de nous trois une paire de chaussures d'hiver et des chaussons.

Le soir, couché dans le divan de la salle à manger, une fois la lumière éteinte, je guette les conversations de mes parents restés dans la cuisine. C'est toujours en mon absence qu'ils débattent de problèmes importants. Il est encore question d'Edmond et de Besançon.

« Tu comprends, dit ma mère, si nous avions là-bas une petite maison... »

Mon père recule. Les économies de mes parents sont loin de leur permettre un tel achat.

« Mon cousin nous avancerait l'argent, affirme ma mère. Nous n'avons pas besoin d'un palace. L'été, nous pourrions l'aménager et l'embellir. Christian aime tant la campagne ! Car si tu prends ta retraite un jour... »

Pour un peu, je me sentirais coupable. Je retiens mon souffle, l'oreille aux aguets. Mon père se range à ces arguments convaincants. Le seul point qui le chagrine est le lieu. Ou la proximité du cousin Edmond.

Un silence incongru s'installe, signe d'embarras ou de réflexion.

« Imagine que je me retrouve toute seule... » murmure ma mère.

Cette éventualité m'ouvre des horizons inexplorés. Seule ? Ma mère ? Et pourquoi donc ? En même temps me revient en mémoire sa supposition précédente : *si tu prends ta retraite un jour*... Pourquoi cette étrange formulation ?

Peu à peu, tandis que mes parents poursuivent leur débat à voix basse, je discerne l'épouvantable vérité : mon père, je le sais, a une santé fragile. Il a subi deux lourdes opérations. Plus d'une fois, je l'ai entendu affirmer :

« Ma vie ne tient qu'à un fil ! »

L'expression m'a frappé. Car j'avais souvent surpris ma mère, penchée sur le ventre de son mari, occupée à une tâche délicate. Elle m'a un jour révélé :

« Ce que je fais à ton père ? Je lui enlève des fils.

– Des fils ?

– Après sa dernière intervention chirurgicale, on lui a recousu le ventre. Des années plus tard, les fils refont surface, par petits bouts. »

Mon imagination travaillait. Et je priais pour que ma mère, si elle devait encore lui sortir un fil du ventre, n'enlève pas par erreur celui auquel sa vie tenait.

« Edmond serait là, tu comprends ? » ajoute ma mère à voix basse dans la cuisine.

Ces trois mots balaient mes derniers doutes : mon père va bientôt mourir ! La mort, comme tout ce qui a trait au corps, fait partie des sujets qu'on tait, élude ou écarte : la politique, l'argent, l'amour, certaines maladies... Mon père va mourir.

J'essaie d'imaginer l'événement. Ma mère se retrouve seule avec moi. Sans emploi. Sans argent. Sans parent ni appui – inutile de penser à ma grand-mère, et encore moins à ma tante Marie. Voilà pourquoi elle tient à la proximité de Besançon...

***

La nouvelle arrive un dimanche de mai, par l'intermédiaire de ma tante qui, à coups précipités, tambourine à notre porte :

« Jeannette... vite ! Le téléphone, c'est ton cousin ! »

Quand ma mère, un quart d'heure plus tard, nous retrouve mon père et moi, elle a du mal à cacher son excitation.

« C'est fait ! Edmond nous a trouvé une maison. »

Une maison ? Pas exactement. D'après ce qu'elle a retenu, il s'agit, au milieu d'un village proche de Besançon, d'une vaste grange où ont été aménagées deux pièces habitables. La bâtisse est mitoyenne avec un garage.

« Il paraît que le Doubs est à deux pas, ajoute ma mère, et qu'il y a un petit jardin avec une tonnelle et du raisin. C'est une affaire à ne pas rater. »

Elle est même si exceptionnelle qu'Edmond l'a réservée, il a déjà signé une promesse de vente chez le notaire. Mon père soupire, il aurait préféré aller voir sur place plutôt que de s'engager en aveugle.

***

En juillet, le cousin nous accueille à la gare en s'exclamant :

« Alors, vous voilà propriétaires ? Je vous emmène tout de suite voir cette merveille. Mais ne comptez pas y emménager ce soir. »

De fait, la maison ne paie pas de mine, même si l'épaisseur de ses vieux murs impressionne. Le jardin, encombré d'orties et d'herbes hautes, se révèle un mouchoir de poche. Les deux pièces, au sol de terre battue, possèdent une petite fenêtre qui ouvre sur une usine, un moulin industriel. Le cousin précise :

« Derrière les bâtiments, vous avez la rivière ! »

Impossible de l'apercevoir. De toute façon, une fine poudre blanche ne cesse de tourbillonner dans l'air, celle de la farine en suspension et de la poussière soulevée par les camions qui, jour et nuit, assurent l'arrivée du grain en vrac puis le départ des sacs.

« Et vous vouliez de l'espace à aménager, il y en a, regardez ! »

En effet, la grange, encombrée de matériel agricole hors d'usage, offre un volume immense. Ma mère hoche la tête et murmure sans cesse :

« C'est très bien. »

Chez mes parents, la joie d'être pour la première fois vraiment chez eux occulte d'éventuels défauts. D'ailleurs, ils n'ont guère le choix.

« La semaine prochaine, nous signons avec le fermier, M. Lebagne, chez le notaire », annonce Edmond.

Car il en a profité pour acheter au même propriétaire, à un kilomètre de là, un verger de trois hectares au bord du Doubs. Il nous y emmène, et là, mon cœur se met à battre plus fort. Planté de vignes, de mirabelliers, de pêchers, c'est un lieu enchanteur. Pourquoi n'est-ce pas ce terrain que nous avons acheté, quitte à y planter une tente pendant quelques années et à faire construire plus tard une maison ?

« Je vous en laisse la jouissance, dit Edmond. Vous pourrez aller y pique-niquer et cueillir des fruits. Pour la peine, Jeannette, tu nous apporteras quelques pots de confitures, de temps en temps. »

***

Cet été-là, nous campons dans notre nouvelle maison.

Souvent, Edmond nous rend visite, il n'est pas avare de conseils :

« À votre place, Roger, moi, j'abattrais cette cloison et je ferais une salle de séjour ici. »

Mon père se contente de sourire. Il ne se lancera pas dans des travaux avant d'avoir remboursé le cousin.

Cette fois, grâce à mon vélo, je peux partir explorer le village, le chemin de halage et les environs. Je me fais enfin quelques camarades. On sait que mes parents sont les cousins du patron des Chaussures Edmond. Ici, ce commerçant n'a pas bonne réputation. Comme je ne prends pas sa défense et que je demande à en savoir plus, les jeunes du village s'enhardissent. À contrecœur, début septembre, l'un des plus âgés, Michel, le fils du boucher, me révèle enfin :

« Votre grange... vous l'avez payée à Lebagne deux fois trop cher ! »

Je n'en suis pas très étonné, je soupire :

« Mon cousin n'a pas marchandé, il ne connaissait pas les prix.

– Tu plaisantes ! La vérité, c'est qu'il vous a roulés. Il avait conclu un accord avec le père Lebagne, qui lui a vendu son verger pour une bouchée de pain.

– Je ne comprends pas.

– C'est simple : Lebagne a fait une addition du prix de ses deux biens et tes parents en ont payé les neuf dixièmes. Ton cousin a eu le verger pour une somme dérisoire.

– Mais... le notaire n'a pas flairé l'embrouille ?

– Maître Dubreuil ? C'est le plus vieil ami de ton cousin ! »

J'ai le cœur gros. J'en veux autant à Edmond pour son escroquerie qu'à mes parents pour leur naïveté.

Michel compatit et m'explique :

« Tout le village est au courant. Surtout le patron du moulin puisque sa femme est la sœur du notaire. Ah... avertis aussi tes parents : au printemps, le Doubs monte. Chaque année, votre grange sera inondée. »

Un soir, alors que nous dînons dans le petit jardin, je ne peux plus me retenir et je confesse d'un coup ce que j'ai appris.

« Ce sont des racontars, affirme mon père devenu très pâle.

– Pour les inondations, admet ma mère, la boulangère m'a mise au courant. Quant au prix de la maison, je crois bien Edmond capable de ce genre de filouteries ! »

Mais loin de l'en blâmer, on dirait qu'elle l'en admire davantage.

***

Peu à peu, les visites d'Edmond s'espacent, et un soir, ce sont Marc, Léone et leurs quatre fils qui arrivent chez nous à l'improviste. Ma mère s'excuse pour le désordre, déplore que nous n'ayons pas assez de chaises, ni assez de provisions pour les retenir à dîner.

« Aucune importance, dit Léone d'une voix triste et douce. Nous serons très bien, assis dans l'herbe, sous la tonnelle, nous avions seulement envie de parler un peu avec vous... »

Finalement, nous connaissons très mal le fils d'Edmond et sa femme.

Pour la première fois, je fais la connaissance des frères d'Aubin et du petit dernier, qui commence à marcher. Nous revoir procure à Aubin une aussi grande joie qu'à moi. Je l'entraîne dans la grange et je lui montre mon vélo. Il écarquille les yeux, s'attarde dans le jardin, demande que je le conduise au bord du Doubs.

« Tu as drôlement de la chance ! » murmure-t-il, les yeux pleins d'envie.

J'ai du mal à croire qu'il ne plaisante pas. À Besançon, il dispose d'un parc magnifique, il a trois frères avec qui jouer… Que peut-il bien lui manquer ?

De retour dans la grange qui nous sert d'abri, mon père m'apostrophe :

« C'est l'heure du lait. Irais-tu avec Aubin ?

– Le lait ? s'écrie Marc, les yeux brillants. Donnez-moi le bidon, Roger. Venez, les garçons, on y va tous ensemble ! »

Le père d'Aubin est un vrai gamin. Il ne cesse de chahuter avec ses enfants, il les poursuit, joue à chat, mime un monstre en colère, soulève Eric de terre. Où est, dans cet homme guilleret, le gérant sévère et guindé qui officie dans le magasin ?

Il boit le lait à même le bidon, en se pourléchant comme un chat, et il nous apprend comment faire effectuer au récipient un tour complet en le maintenant à bout de bras. Après une minute de ce jeu passionnant, il ne reste plus rien dans le bidon.

« Vite, retournons en chercher deux litres ! s'écrie Marc. Ça tombe bien, je recommençais à avoir soif ! »

Finalement, Marc et Léone restent à dîner. Ma mère les a pourtant prévenus, elle n'a qu'un reste de saucisson, du pain et du fromage à leur offrir. Quant au dessert...

« Christian, me lance-t-elle soudain, tu irais jusqu'au verger nous cueillir des pêches et des mirabelles ? »

Il est temps car la nuit tombe. J'enfourche mon vélo et Aubin, qui serre un panier contre lui, s'installe sur le porte-bagages. Le verger est vite rejoint. Soudain, Aubin me saisit le bras, il désigne un point clair dans le ciel rosissant.

« Tu sais ce que c'est ?

– Oui. L'étoile du berger. Le signe qu'il faut rentrer les troupeaux. »

Le regard dans le vague, il récite :

« *Les bergers furent effrayés, mais l'ange leur dit…* »

Je reconnais un passage de mon livre de catéchisme. Du coup, c'est moi qui achève :

« *Je vous apporte une nouvelle qui vous remplira de joie !* »

Grâce à d'autres extraits que nous connaissons par cœur, nous nous apercevons que nous avons le même ouvrage :

Vivre en chrétien, d'Yvan Daniel ! Je révèle à Aubin que je ferai ma première communion en juin prochain.

« Moi aussi. Mes parents vont organiser une grande fête. Elle se déroulera chez mon grand-père, il a déjà dressé la liste des invités. »

Déjà, j'imagine la salle à manger interdite regorgeant de convives. Cette perspective ne semble pas le réjouir.

« De quoi te plains-tu, Aubin ? Tu auras plein de cadeaux !

– Justement. Je trouve ça ridicule et inutile. Je vais recevoir le corps du Christ. Que veux-tu avoir de plus précieux ? Le reste, ce sont des simagrées, de l'hypocrisie, du décor. Jésus, lui, n'en réclamait pas tant. Et puis je voudrais faire ma communion en aube. »

Ce dilemme ne m'avait pas encore effleuré.

« D'ailleurs, je m'appelle Aubin. Je me vois mal affublé d'un costume sombre et d'un brassard.

– Tes parents y sont opposés ?

– Non. C'est mon grand-père qui ne veut pas. Vois-tu, poursuit-il en fixant Vénus, quand les rois mages ont aperçu cette étoile, ils ont compris que c'était là le signe qu'ils attendaient. **Eh bien moi, je crois que m'a été adressé un signe. Et je n'aimerais pas qu'on m'empêche de lui obéir. »**

Ma foi est vive mais moins puissante que la sienne. Jamais je n'ai envisagé de devenir curé. Quand nous revenons à la grange, une immense nappe a été étalée dans le jardin. Marc fait le pitre avec ses trois garçons sous l'œil indulgent de sa femme.

Ce pique-nique nocturne improvisé est l'un des moments les plus beaux de ma vie.

Assis un peu à l'écart, Aubin ne se mêle aux jeux que de loin. Conscient de sa place d'aîné, il considère avec indulgence son cadet, Mic, occupé à jouer avec son père. De temps en temps, il me sourit et lève les yeux vers le ciel qui se garnit d'étoiles.

Cet échange muet suffit à sceller une nouvelle complicité entre nous.

***

Avec la fin de l'été, les visites de Marc et Léone se font de plus en plus fréquentes. Ils arrivent souvent après la fermeture du magasin. D'autres fois, ils débarquent sans crier gare, le lundi, de bon matin, le coffre de la voiture chargé de victuailles pour un pique-nique improvisé. Nous gagnons à pied le verger ou une prairie au bord du Doubs. Là, durant de longues heures, Marc et mon père trempent leur ligne dans l'eau tandis que les femmes, à l'écart, papotent et tricotent.

Jusqu'à la visite-surprise d'Edmond et de Réjane, un dimanche après-midi, alors que Marc et Léone sont là avec leurs enfants. Le cousin de ma mère cache mal son étonnement, et même son irritation.

« Qu'est-ce que vous faites là ? »

Son fils, à qui il s'adresse, bredouille deux ou trois justifications sur le ton d'un employé pris en faute. Léone et lui se lèvent, confus. Ils ordonnent à leurs fils de ranger leurs affaires et filent en catimini.

Ce jour-là, Edmond et Réjane ne s'attardent pas non plus. Ils adoptent une attitude sèche et distante comme si mes parents avaient commis une impardonnable indélicatesse.

Quiconque ne recevra pas
le Royaume de Dieu
comme un petit enfant
n'y entrera point.

Évangile selon saint Marc (chap. 10, v. 14)

Un an après, j'ai moi aussi demandé à être en aube pour ma première communion.

Ce samedi de juin, dans l'église Saint-Roch de Paris, mon cœur se gonfle d'une foi si puissante que je me sens de taille à aimer le monde entier. Autour de moi, les autres communiants s'effacent, le décor disparaît et il faut parfois me rappeler à l'ordre pour que je suive le cérémonial. Je ne suis que prière, ferveur et dévotion. Au moment où l'hostie frôle mes lèvres, je retiens mes sanglots. Une félicité m'inonde, proche de l'extase. Oui, je consacrerai ma vie au bien, à Dieu, au partage. Puisqu'Il est entré en moi, je suis une partie de Lui et Il guidera désormais ma vie.

Après la messe, plusieurs prêtres entourent mes parents. L'un d'eux, très ému, vient me féliciter, mais je reste imperméable à ses compliments. Je refuse le spectacle et le décorum, je ne veux pas voir le public, ni entendre les paroles convenues qu'on croit indispensable de me servir. Ma communion est une affaire entre Dieu et moi, les autres n'ont pas à intervenir. Ce jour-là, je crois que seule ma tante Marie me comprend. Elle aussi a les yeux brouillés de larmes ; muette, elle serre ma main dans la sienne, je sais qu'elle prie pour moi.

De retour dans l'appartement, il me faut pourtant affronter les invités et leurs présents : un portefeuille en cuir, un stylo à plume... Je remercie les convives et leur distribue les images pieuses imprimées à l'occasion de cet événement. Derrière ces cadeaux, je devine le clinquant trompeur des idoles. Pas question que j'adore le veau d'or, même si je porte autour du cou une médaille à l'effigie de la Vierge. Ce soir-là, je ne poserai sur ma table de chevet que mon missel et mon chapelet. Et mes dernières prières du soir iront à Aubin.

Un mois plus tard, quand nous nous retrouvons au village, nous échangeons nos images pieuses et nos photos de communiants. Un rituel plus fort et plus puissant que si nous nous partagions notre sang.

***

L'été suivant, celui de mes 13 ans, je vois Aubin de moins en moins souvent. Ses parents ont espacé leurs visites. Leur fils aîné les accompagne rarement. Je le déplore et m'en étonne.

« Il travaille, m'explique sa mère avec embarras. Au lycée, il a pris du retard et il essaie de le combler pendant ses vacances. Et puis son grand-père a souvent besoin de lui, à la réserve et au magasin. »

En réalité, Aubin rédige le courrier. Car Edmond, je l'apprends enfin, connaît à peine l'orthographe. Comme l'affirme souvent mon père, il préfère les chiffres aux lettres...

L'envie me prend souvent d'écrire à mon petit cousin. Mais je remets cette tâche au lendemain, espérant qu'avant la rentrée des classes, Aubin finira par venir au village un soir avec ses parents.

Début septembre, alors que je suis seul avec ma mère puisque mon père a repris son travail, Edmond nous rend visite, il paraît pressé.

« Demain matin, nous annonce-t-il, il faudra que vous ayez fait vos bagages, je vous embauche tous les deux pour le week-end ! »

Samedi et dimanche prochains, à Besançon, aura lieu la braderie. Les rues seront encombrées par les étals sur lesquels tous les commerçants de la ville auront déposé les derniers articles, soldés, de la saison. Edmond a besoin d'un coup de main, il aimerait que ma mère soit à la caisse.

Pas une seconde elle n'envisage de refuser. Elle s'ennuie dans cette maison inconfortable et vide et semble ravie d'aller en ville jouer à la marchande. Après le départ d'Edmond, je lui déclare :

« Je n'irai pas, je reste là.

– Comment ? Mais il n'en est pas question. »

Le ton monte. Ma mère reste inflexible : elle refuse de me laisser seul au village pendant deux jours. Je lui fais part de mes réticences envers le cousin.

« Que t'a-t-il fait ? me demande-t-elle. Et pourquoi lui en veux-tu ? Nous ne le voyons pas beaucoup et il ne te taquine même plus ! »

C'est vrai. Depuis que je suis entré au collège, Edmond se méfie de moi. Le mois dernier, alors qu'il plastronnait à table en essayant de placer trois mots en allemand, je lui ai fait remarquer qu'il n'employait pas le terme correct et qu'il avait un bien mauvais accent. L'Allemagne, j'y avais passé tout juillet avec mon correspondant. Mouché, le cousin avait noyé le poisson et changé de conversation.

« Tu me dis ça maintenant ? reprend ma mère. Pourquoi as-tu attendu qu'Edmond soit parti ? »

Elle a raison. Je n'ai pas osé l'attaquer de front. Mais si je m'y risque, elle m'en fera le reproche, car elle exige que je respecte son cousin, pas question de se brouiller avec lui. Je suis pris entre deux feux, partagé entre le désir de marquer mon indépendance et le devoir de ne pas causer d'ennuis à mes parents.

Je capitule : demain, je viendrai.

En arrivant dans la propriété, j'ai la surprise de découvrir Aubin occupé, avec Labro, à charger les boîtes de la réserve dans l'une des camionnettes du magasin. Il prend à peine le temps de m'embrasser et semble nerveux, préoccupé.

Je lui demande où sont ses frères.

« À Pontarlier, chez ma grand-mère. Seul Mic est venu, mais uniquement pour le week-end. »

Il va et vient, transpire, pressé par Edmond qui, pour repartir en ville, attend que le véhicule soit plein.

« Tes parents sont là-bas, eux aussi ?

– Oh non, ils travaillent au magasin ! »

J'oubliais qu'en ce samedi particulier, la moindre main-d'œuvre était précieuse. Peut-être troublé par mes questions ou gêné par ma présence, Aubin, en avançant vers le camion avec une trop haute pile de cartons dans les mains, trébuche et s'étale. Les paquets dégringolent, s'éparpillent, s'ouvrent. Vingt paires de chaussures sont répandues à terre.

« Vingt dieux ! braille Edmond en jaillissant de la camionnette. Mais quel empoté ! Pas foutu d'effectuer le travail le plus stupide ! Même le Crouillat se débrouille mieux que toi ! »

Tandis que j'aide Aubin à ranger les chaussures dans les bonnes boîtes, Edmond, lui, les examine. Et éclate à nouveau en fureur :

« C'est ça que tu veux que je solde, espèce de petit con ? Les nouveaux après-ski qu'on a reçus avant-hier ? Heureusement que je suis encore là, sinon on serait vite ruinés ! »

Il désigne d'une main la réserve et de l'autre les cartons étalés au sol.

« Tu n'as pas entendu ce que je t'ai dit, tout à l'heure ? Les chaussures rangées sur les premiers rayonnages de droite ! De droite ! Tu sais où c'est, la droite ? Qu'est-ce qu'on t'a appris, à l'école ? Et tu voudrais faire des études ? Mes manutentionnaires les plus bornés sont plus dégourdis que toi ! »

Aubin, vaincu, baisse la tête. Après le départ de son grand-père, il reste figé. Un terrible doute jaillit dans mon esprit.

Je le saisis par les épaules.

« Il te bat, n'est-ce pas ?

– Comment ? Mais de qui parles-tu ?

– D'Edmond. Ton grand-père. Il te frappe ?

– Oh, non ! m'affirme-t-il dans un triste sourire. Il n'a jamais levé la main sur moi. »

Son regard est franc et limpide. Il ne ment pas – a-t-il jamais menti ?

Non, son grand-père ne le bat pas. Mais c'est peut-être pire.

Une heure plus tard, Edmond est de retour à la réserve et il m'emmène d'autorité en ville. Que je reste avec Aubin ne lui plaît pas. Redoute-t-il une mutinerie ? La mauvaise influence que je pourrais avoir sur lui ?

Arrivé au magasin, j'aperçois Mic et sa frimousse réjouie. Plus rapide et habile qu'une anguille, il va et vient entre les clients, porte et rapporte des boîtes. À ses yeux, cette tâche est un véritable jeu où il se révèle très efficace. Edmond lui jette un regard attendri et murmure :

« Ah, lui, c'est un petit malin ! »

Mic, le petit surdoué de la famille, est son préféré.

On m'a installé sur le trottoir, derrière un étal où sont entassées en vrac des dizaines de paires de chaussures à petit prix. Il y a là des bottes qui ont fait la vitrine, des escarpins taille 43 à très hauts talons, des chaussures d'enfant démodées. Bref, des fonds de tiroir difficilement vendables. Mon rôle consiste seulement à encaisser ; les clients qui fouillent pour trouver leur bonheur ne me demandent pas conseil. Sauf une vieille paysanne qu'un aimable passant conduit vers notre stand. Elle marche à petits pas, en claudiquant, aidée d'une canne blanche, car cette femme est aveugle. Elle me fixe de son regard flou, m'explique que ses chaussures la blessent et qu'elle n'en peut plus. Je veux bien la croire. Elle porte de méchantes sandalettes en plastique à travers lesquelles j'aperçois ses pieds. Elle a des orteils déformés par l'arthrose. Elle me demande conseil, tel un malade en consultation. Promu au rang de médecin généraliste, je préfère orienter ma patiente vers un spécialiste :

« Il vous faut des chaussures spéciales, madame, je vais vous emmener dans le magasin. »

Tout à coup, on m'écarte et une voix bourrue lance :

« Moi, madame, je sais ce qu'il vous faut ! »

C'est Edmond. D'un coup d'œil, il a évalué les dégâts, deviné la pointure de la cliente, du 39, et trouvé le remède : une paire d'espadrilles défraîchies, elles ont dû être rouges, autrefois. Il m'ordonne d'aider la dame à les enfiler.

« Ah, c'est bien ! fait-elle en soupirant d'aise ! C'est très bien ! Encore que...

– Qu'est-ce qui ne va pas ?

– Le pied gauche, avoue-t-elle d'une petite voix. Mon pied bute contre le bout.

– Pas de problème, madame. On va arranger ça… Non, gardez le pied droit. »

Deux secondes suffisent au cousin pour puiser dans le tas une nouvelle paire d'espadrilles. Jaunes. Je m'apprête à protester, mais il me lance une bourrade et enfile lui-même le pied gauche à la vieille aveugle.

« Et là, qu'en dites-vous ?

– Ah... c'est parfait ! Je ne suis plus du tout gênée ! »

Je veux bien le croire, c'est du 41.

« Merci ! Ah, merci beaucoup, monsieur. Votre jeune employé était très gentil mais...

– Pas très compétent, oui. Je sais.

– Combien est-ce que je vous dois ? »

De la main, Edmond me repousse et annonce un chiffre deux fois supérieur à celui qui est indiqué.

L'aveugle paie sans discuter.

Et moi, pétrifié, je la regarde s'éloigner dans la foule avec ses espadrilles dépareillées. Edmond me donne une bourrade et s'esclaffe :

« Tu vois, gamin ? Voilà comment on fait des affaires. »

Malheur à toi qui ravages,
et qui n'as pas été ravagé !
Qui pilles et qu'on n'a pas encore pillé !

Isaïe (chap. 33, v. 1)

Deux années ont passé.

Ma tante Marie est morte. Je prie beaucoup pour elle tout en sachant qu'elle a pris le plus court chemin pour le paradis. À en croire le Sermon sur la montagne rapporté par saint Matthieu, elle se trouve désormais au premier rang, à la droite de Dieu. *Beati pauperes spiritu...* Aux innocents les mains pleines, heureux les pauvres en esprit, le Royaume des cieux est à eux.

Après ma première communion, j'ai entrepris ma Persévérance. Chaque jeudi, je fréquente la paroisse où j'approfondis les Évangiles. Mes auteurs favoris sont devenus Saint-Exupéry, Claudel, Bernanos, Péguy, mais aussi Paul Valéry. Au lycée, sans faire étalage de ma foi, je ne la cache pas, je n'en ai pas honte. Elle est ma force, et une originalité aussi. À l'âge où mes camarades se regroupent et ricanent volontiers, je ne souffre pas d'être serein et écarté. Je mets peut-être un point d'honneur à cultiver cette différence. Ma franchise, ma droiture, ma candeur étonnent. C'est un rempart qui m'isole mais me vaut un respect privilégié.

Une fois, une seule fois, je suis effleuré par le doute...

C'est un dimanche, à l'église. Je suis arrivé en retard et je dois suivre la messe de loin, isolé parmi la foule, debout. Impossible de m'agenouiller, difficile de suivre le sermon du prêtre qui officie au loin.

Soudain, je porte un regard distancié sur ceux qui m'entourent. Distancié ? Hélas non, c'est bien pire : effaré. Ici, je suis un étranger.

Je me demande pourquoi ces gens baissent la tête, marmonnent, obéissent en aveugles à ce qui leur est demandé.

« *Dominus vobiscum*, dit le prêtre.

– *Et cum spiritu tuo* », répondent les fidèles.

Du théâtre. J'assiste à un spectacle bien réglé où chacun se déplace ou reste à sa place selon le rôle qui lui est imparti. Un rituel encombré de mille accessoires baroques où le metteur en scène absent fait participer le public. Un texte que le temps et les usages ont interprété, déformé, parodié.

Tout à coup, je me sens seul. Abandonné. Unique spectateur d'une représentation à laquelle je n'aurais pas dû assister.

Je songe à Paul Claudel qui, dans *Ma conversion*, raconte comment il eut la révélation de la foi au moyen d'un choc fulgural, après être entré par hasard à Notre-Dame de Paris. « En cet instant, dit-il, mon cœur fut touché et je crus. »

CE SOIR-LÀ, DIEU EST MORT

Ce dimanche, mon esprit est troublé et je doute.

« *Oremus*. »

Je baisse la tête et je prie.

Au même instant, Dieu ressurgit.

Je déborde de reconnaissance. Rasséréné, comblé, je devine qu'Il m'a mis à l'épreuve, joué un tour, lancé un défi :

« Et si Je n'étais pas là ? »

Il est là, Il existe et je L'ai retrouvé.

***

Aubin et moi ne nous voyons, à intervalles irréguliers, que pendant les vacances. Entre-temps, nous n'échangeons aucun courrier. Quand nous nous retrouvons, c'est avec une joie partagée et comme si nous nous étions quittés la veille.

Entre le cousin Edmond et moi s'est instauré une sorte de statu quo. Tant qu'il ne m'attaque pas de front, je préfère l'ignorer.

Cet été-là, ma plus grosse déconvenue concerne mon vélo. Il est devenu trop petit. L'an dernier, j'avais déjà haussé la selle et le guidon au maximum. Mais cette fois, quand je pédale, mes genoux frôlent ma poitrine.

C'est un vélo d'adulte qu'il me faudrait. D'ailleurs, au village, c'est ce que possèdent mes copains. Impossible de me mêler à leur groupe sans avoir l'air ridicule. Pendant l'année, mon argent de poche est exclusivement passé en achat de livres.

« Ce sera pour l'année prochaine ! me dit mon père. Ton vélo peut bien te faire encore un an ! »

Je rumine ma déconvenue en silence. Et je ne vois pas comment gagner de quoi m'acheter un vélo, surtout en si peu de temps. Je n'ai pas encore 16 ans. Qui pourrait, cet été, me proposer un petit boulot ?

« Peut-être que le cousin Edmond ?... suggère ma mère.

– Tu veux rire ? »

Quand Edmond nous fait travailler au magasin ou à la réserve, il ne nous rétribue jamais, évidemment. Il juge que ces coups de main occasionnels sont largement payés en chaussures, repas et excursions obligées en voiture. Et puis le cousin serait le dernier pour qui j'accepterais de travailler.

Tant pis, je consacrerai mes journées à la lecture et surtout à l'écriture, même si ma mère me reproche de rester enfermé à ne rien faire par un temps si beau.

En ce jour ensoleillé de la fin du mois d'août, alors que je mets la table sous la tonnelle, j'entends le grincement caractéristique de la porte en fer du jardin.

C'est Edmond. Il passe devant moi sans me voir, il est en grande conversation avec un inconnu qui transpire dans un costume trois-pièces.

« Eh oui, c'est moi qui leur ai déniché cette bicoque », explique-t-il.

Il entre comme s'il était chez lui. Pour souligner son impolitesse, je lui jette d'une voix plus forte qu'il ne faudrait :

« Bonjour, cousin !

– Tiens, salut, gamin », me répond-il en se retournant à peine.

Autrefois, ce mot m'humiliait. Aujourd'hui, il sonne comme une insulte.

Ma mère apparaît, surprise de découvrir des visiteurs. Elle s'exclame :

« Ah, c'est toi, Edmond ? Dommage que Roger soit parti à la pêche !

– La pêche ? Demain, je lui apprendrai ce que c'est que pêcher, à ton mari. Je vous emmène dans mon nouveau chalet de Malbuisson, pour le week-end ! Je passerai vous prendre de bonne heure demain matin. »

Je m'éclipse dans la grange et je rumine ma rancœur en silence. Pour me calmer, je me plonge dans le gros roman qu'une amie de mes parents m'a prêté : *Dieu parlera ce soir*. Une histoire dans laquelle je me retrouve, et qui fait écho à ma foi opiniâtre.

La voix sèche de ma mère me tire de mon récit.

« Ils sont partis. Tu aurais pu faire l'effort

de rester. Le monsieur que nous a présenté le cousin est quelqu'un de très important.

– Très important pour qui ?

– Pour Edmond. Pour sa Légion d'honneur, tu sais bien. »

Je l'avais oublié. Cette décoration est un objectif qu'il poursuit avec insistance.

« Cette année, je n'irai pas à Malbuisson, je ne me laisserai pas piéger. D'autant qu'Edmond nous embauchera pour la braderie le samedi. »

Elle sent ma détermination plus forte que les années précédentes.

« Christian, il se fait une telle joie de nous montrer son nouvel achat ! Et puis là-bas, tu retrouveras Marc, Léone et les garçons... »

Si Aubin est à Malbuisson, ça change tout.

Le cousin n'a pas fait les choses à moitié. Le chalet qu'il a acheté est le plus beau et le mieux placé. De la terrasse, fermée par une baie vitrée, on domine le lac et le village lacustre de Port-Titi, au loin. Le panorama est à couper le souffle. Si Marc, Léone et leurs fils sont là, c'est surtout pour aider à achever l'aménagement des lieux. Dans cette immense maison de bois à deux niveaux, trois chambres leur ont été réservées. Aubin et moi parvenons à nous isoler dans celle qu'il va occuper avec Mic, son cadet. J'admire les vêtements qu'il entasse dans son armoire. Ce que porte Aubin est toujours neuf ou impeccable, à l'image de son visage lisse et régulier.

Soudain, la porte s'ouvre et Edmond apparaît, un sourire narquois aux lèvres.

« Alors les tantouzes, on s'est enfermé pour jouer au docteur ? »

Il ne me laisse pas le temps de répliquer et nous fait signe de sortir.

« Filez rejoindre Marc ! Nous allons faire du ski nautique. »

En arrivant au bord du lac, je comprends peu à peu pourquoi le cousin nous a si vite imposé cette distraction : à cette heure de l'après-midi, la petite plage est noire de monde. Le bateau dans lequel Marc nous invite à monter est un hors-bord flambant neuf et ventru.

Edmond pousse ses petits-fils sur le ponton. Mic enfile les skis nautiques, s'assoit sur le rebord du quai, fait signe à son père qu'il est prêt – et le hors-bord bondit, entraînant le skieur qui se maintient en équilibre, file, évolue en sinuant avec élégance.

« On a passé tout juillet à s'entraîner », me confie Aubin à voix basse.

Mais quand son tour arrive, je le vois pâlir. Au premier essai, il laisse échapper la corde. Au deuxième, il tombe aussitôt à l'eau.

« Lamentable ! bougonne Edmond, qui supervise les opérations. Décidément, il est nul partout ! »

C'est après son départ qu'Aubin prend de l'assurance. Il ne tombera plus une seule fois. Mais, malgré les encouragements affectueux de son père, il reste tendu. Loin d'être une distraction, cet exercice est pour lui une contrainte, un parcours obligé.

À mon retour au chalet, je trouve Edmond en train de vanter à mes parents la solidité de la baie vitrée qu'un artisan a installée lundi dernier.

« Anti-effraction garantie ! affirme-t-il. Regardez. »

Il saisit une balle de tennis et la lance de toutes ses forces contre la vitre. Réjane proteste.

« Arrête, Edmond ! Tu exagères… »

Le cousin rit de la frayeur de sa femme. C'est vrai que la balle rebondit. Il la récupère, la relance encore plus fort puis me la tend.

« Tiens, essaie donc ! »

Je refuse ce défi stupide et imprudent. Mais Edmond insiste :

« Vas-y ! N'aie pas peur ! De toute façon, tu n'y arriveras pas. C'est un nouveau matériau. Bon sang, mais vas-y ! »

Du regard, ma mère m'ordonne d'obéir. Bon. Il l'aura voulu. Je prends mon élan et vise le centre de la baie. Jamais je n'ai lancé un objet aussi fort ! Je suis sûr que la vitre ne pourra pas résister.

Elle n'a pas bougé.

Je récupère à temps la balle qui a rebondi. Derrière moi, Edmond éclate de rire. Un rire si provocateur que la rage décuple ma fureur. Je relance la balle – qui me revient dans les mains. Le cousin s'amuse beaucoup.

« Allez, encore un effort ! Tiens, si tu arrives à la casser, je te l'offre, ton vélo ! »

Ce vélo que je veux m'acheter, ma mère a eu l'imprudence d'en parler à Edmond, comme si elle avait espéré qu'il m'en fasse un jour cadeau.

« Eh bien, gamin, je te croyais plus vigoureux. Une vraie chiffe molle... »

L'humiliation m'encourage à continuer. Je lance la balle dix, quinze, vingt fois. De plus en plus vite, de plus en plus fort. Derrière moi, le cousin s'esclaffe.

Soudain, un bruit terrifiant nous interrompt : la vitre a cédé !

Elle s'écroule sur le balcon dans un déluge de verre brisé...

Le silence qui suit me fait froid dans le dos. Pourtant, j'ai réussi. J'ai répondu au défi qu'Edmond m'a lancé. Et j'ai gagné.

« Mon Dieu ! s'écrie ma mère dans un sanglot. Christian... mais qu'est-ce que tu as fait ? »

Ce que j'ai fait ? Mais rien d'autre que ce qu'il m'a demandé. J'ai obéi à son ordre. Puis au tien. Et il faudrait que je présente des excuses ?

Je me retourne et je fixe mon cousin dans les yeux. Un regard qu'il n'apprécie pas du tout. Cette fois, c'est la guerre entre nous. Jusqu'ici, ce n'étaient que des escarmouches, des petits conflits larvés. Mais j'ai commis l'irréparable. Je l'ai vaincu sans lui désobéir. Je lui ai renvoyé d'un coup les humiliations qu'il m'a fait subir. Pour enfoncer le clou, je réponds à la question de ma mère :

« Ce que j'ai fait ? J'ai gagné. J'ai gagné un vélo. »

Éternel, qui peut, comme toi,
Délivrer le malheureux
d'un plus fort que lui,
Le malheureux et le pauvre
de celui qui le dépouille ?

Psaumes (chap. 35, v. 10)

Ce que j'ai gagné, c'est un déluge de reproches de mes parents.

Ce soir-là, je vais me coucher sans dîner, pendant que dans la salle à manger du chalet se négocie à voix basse le prix de la baie vitrée. En fait, je l'apprendrai plus tard, l'assurance remboursera les dégâts. La vitre était garantie. Si elle a cédé, comme l'expliquera à Edmond le représentant de la miroiterie, c'est en raison de la succession régulière et répétée des vibrations provoquées par les coups. À un millième de seconde près, le point de rupture aurait pu ne pas être atteint. Il l'a été.

Si cet incident m'a tant marqué, c'est en raison de cette explication, et non parce que mon cousin a refusé de tenir sa promesse. Oui, on peut résister à un, deux, dix coups, pourvu qu'ils soient modérés ou espacés. Mais leur répétition, leur rythme insupportable finit par ébranler la structure la plus solide.

Désormais, moi je le savais. Edmond ne l'avait pas compris.

***

L'année suivante, à notre arrivée au village, je n'ai toujours pas de vélo à ma taille, ni d'argent pour en acheter un. Quelque chose a changé dans ma vie. J'ai un amour secret, inavouable. Et personne à qui le révéler – Aubin lui-même n'en saura rien. Me procurer une bicyclette à ma taille est devenu un objectif secondaire, lointain. Je n'ai même plus le goût de rejoindre mon groupe de copains. Je passe mon temps à lire et à écrire. À écrire surtout, récits et correspondance mêlés. Et quand je lis, c'est moins pour me distraire que pour travailler. Car j'ai décidé de mettre les bouchées doubles, de réussir l'examen d'entrée à l'École normale. Je veux gagner ma vie au plus vite. D'abord pour libérer mon père du poids de cette épée de Damoclès dont personne ne parle… Si par malheur il disparaît, je ne serai plus à charge et ma mère ne dépendra de personne. Mais surtout, je dois devenir indépendant et prouver à celle que j'aime que je l'ai enfin rattrapée et qu'elle peut me prendre au sérieux. Un objectif improbable, audacieux, sans doute trop ambitieux.

Quand Edmond et Réjane rendent visite à mes parents, je m'éclipse. Personne ne me le reproche, ne s'étonne, ni ne me réclame. C'est l'un des avantages de mon statut d'adolescent capricieux.

Mais un soir, après le départ des cousins, ma mère me déclare :

« Edmond est prêt à te payer un vélo. C'est très sérieux.

– Il y a d'autres vitres à casser ? »

Elle réprime une grimace.

Ce souvenir est l'un de ceux qu'elle aimerait effacer. Il a laissé dans la famille une brèche, un rebord coupant, des lieux et des mots qu'on préfère éviter.

La vitre a été remplacée, mais ce que l'incident a brisé ne sera jamais réparé.

« Il aimerait que tu repeignes les grilles de la propriété. Si tu le fais, il t'offre une bicyclette. Il vient de nous l'affirmer à l'instant. »

Si Edmond me fait cette proposition singulière par l'intermédiaire de mes parents, c'est parce que nous ne communiquons plus. Plus jamais il ne prend le risque de me parler. Il redoute mes reparties, sait que mon humour peut être plus cruel que le sien.

« Cela ressemble à un armistice, non ? reprend ma mère. Réfléchis. »

Je me mets à la place du cousin. Le pari stupide qu'il m'avait lancé a eu de nombreux témoins. Ce vélo, il me le doit. Mais comment pourrait-il me l'offrir sans perdre la face ?

« À mon avis, il te tend la main. De sa part, je trouve ça plutôt bien. En refusant, tu nous mettrais dans l'embarras. Cette déclaration de paix, c'est à toi qu'il la propose. »

Sans la moindre malice, je hoche la tête et déclare :

« D'accord. Dis-lui que j'accepte. »

Soulagée, ma mère me prend dans ses bras. Un geste qu'elle n'ose plus faire depuis de longs mois.

Quelques jours plus tard, Labro arrive avec la camionnette du magasin et un bon sourire aux lèvres.

« Alors c'est toi qui vas repeindre les grilles de la propriété ? »

Pendant le trajet, j'apprends que grâce à moi, il échappe à cette corvée. Labro a beaucoup blanchi et il a l'échine bien courbée.

Arrivé à destination, je mesure mon imprudence. J'avais oublié que les grilles s'étendaient sur une telle distance.

« Soixante-douze mètres, me dit Labro qui a deviné ma question. Sans compter le portail de l'entrée. »

Labro me confie deux brosses métalliques et des chiffons.

« Il faut d'abord enlever la rouille », m'explique-t-il.

Il rapporte une échelle double sur laquelle nous montons. Pour venir à bout d'un montant, il faut à chacun un bon quart d'heure, à cause des volutes compliquées du métal.

« Hé, le Crouillat ! »

C'est Edmond, il vient de sortir de la réserve. Labro murmure :

« Excuse-moi, mon garçon. Il faut que j'y aille. »

Je me retrouve seul à travailler, à gratter, à frotter. Cent fois m'envahissent tour à tour le découragement, le dépit, la colère.

À midi, après avoir décapé douze barreaux, j'ai les mains en sang et les biceps en compote. En fin de matinée, Labro m'entraîne dans sa cabane où il me propose de partager son frichti. Il m'apprend que désormais, il ne pourra plus venir me chercher le matin.

Qu'importe, je prendrai le car.

Dans l'après-midi, j'ai la surprise de voir arriver Aubin, en costume-cravate. Labro a été le chercher au magasin, où il assure l'accueil de la clientèle ou la gestion des stocks.

« Avec ton père, ça se passe bien, non ?

– Oui. Mais grand-père est presque toujours là. »

Je me doute qu'il est sans cesse sur leur dos. Edmond n'est pas près d'abandonner le magasin de Besançon, bien que le gérant soit son fils.

« Et tes autres frères ?

– Ils sont en vacances. Mic est parti en stage aux États-Unis pour apprendre l'anglais. »

Il a été définitivement établi que Mic est plus intelligent que son frère aîné. Un statut qu'Edmond confirme souvent avec la formule :

« Ah, lui... c'est un petit malin ! »

Au lycée, il a presque deux ans d'avance, il a rejoint Aubin en troisième et il récolte encore les meilleures notes. Qui a décidé que Mic entreprendrait des études de médecine et que l'aîné s'occuperait du magasin ? C'est ce que j'essaie de savoir.

Résigné, Aubin hausse les épaules.

« C'est comme ça. De toute façon, je n'ai pas les moyens de poursuivre des études. »

Je n'ai pas les moyens, expression pudique qui résume les adjectifs dont son grand-père l'affuble : médiocre, stupide, lent, incapable, borné... **À force de s'entendre répéter qu'il est nul, Aubin a fini par le croire.** Le plus grave est que ses parents en sont peut-être convaincus, eux aussi.

« Il faut que j'aille me changer, me dit-il en me montrant son costume. J'aimerais bien t'aider, mais... »

Je lui fais signe que je comprends. À distance, Edmond veille à ce que j'effectue ce travail seul. C'est de bonne guerre.

Moi, j'irai jusqu'au bout.

Le bout, je ne le verrai qu'à la fin de la troisième semaine...

Car une fois les barreaux décapés, il faut passer deux couches de minium sur les grilles. Justement pour éviter la rouille.

J'ai trop d'amour-propre pour renoncer. Si j'abandonne, le cousin en fera des gorges chaudes, racontant à qui veut l'entendre que je suis une petite nature, un intellectuel en col blanc, une mauviette que le travail manuel rebute. Enfin, ma conscience me commande d'achever ce qui est devenu une pénitence.

Dans l'épreuve, Jésus ne nous a-t-il pas conseillé de tendre l'autre joue ?

Je boirai donc le calice jusqu'à la lie.

Au milieu du mois d'août, quand ma tâche se termine, j'espère qu'Edmond passera. Je ne demande pas qu'il admire mon travail et me félicite. Mais il suffirait qu'il jette un coup d'œil sur les grilles et hoche la tête en souriant pour que je lui tende la main. Je suis prêt à toutes les réconciliations.

Edmond ne viendra pas.

À mon retour, ce soir-là, mes parents m'accueillent avec un sourire si embarrassé que je soupçonne aussitôt une embrouille. Ma mère finit par m'avouer :

« Edmond nous a rendu visite. Il a apporté le vélo. »

Ainsi, il est venu ici pendant que j'achevais le boulot là-bas. Après tout, c'est aussi bien comme ça, mon pensum est terminé et je n'aurai pas à lui dire merci.

Ma mère me désigne, dans le jardin, une bicyclette que je n'avais d'abord pas remarquée. Elle ressemble à ces vieilles bécanes que les cultivateurs utilisent, quand, la fourche sur l'épaule, ils se rendent dans les champs. Avec son gros phare en aluminium, son guidon rétro et son cadre décoloré, l'engin doit dater de la dernière guerre. Je ne sais pas pourquoi, dans mon esprit, je m'attendais à un randonneur avec un petit porte-bagages, ou un routier muni d'un double plateau et d'un guidon de course. Au pire, j'aurais admis une bicyclette ordinaire – mais neuve.

J'ai du mal à y croire. Si c'est une farce, elle est de mauvais goût.

« Tu sais, juge bon de préciser ma mère, ce vélo, c'est le sien. Edmond t'a fait cadeau de son vélo, tu comprends ? »

En apportant cet objet tout à l'heure, peut-être a-t-il convaincu mes parents que ce cadeau était un honneur pour moi et pour lui un sacrifice ?

Non. En apercevant l'air penaud de mon père qui évite de me regarder, je sais qu'ils ne sont pas dupes. Mais tout à l'heure, quand le cousin a apporté cette méchante bécane, ils n'ont ni protesté, ni réagi. Évitant un démêlé avec le cousin, ils ont préféré affronter mon désappointement.

Dans une telle situation, même Réjane aurait dit à son mari :

« Edmond ! Là, tu exagères... »

Je ne sais vers qui vont mes plus gros ressentiments ; je déplore autant la fourberie de mon cousin que la veulerie de mes parents.

« Il faudra simplement remplacer les pneus », risque ma mère.

Le regard noir que je lui jette lui montre qu'elle aurait dû se taire.

Edmond n'a pas marqué un point, il a bel et bien gagné la guerre.

Ô Dieu, ne t'éloigne pas de moi !
Mon Dieu, viens en hâte à mon secours !
Qu'ils soient confus, anéantis,
ceux qui en veulent à ma vie !

Psaumes (chap. 71, v. 12 et 13)

La fin de l'été approche. La date de la braderie aussi.

Au village, j'ai tenté de rafistoler le vieux clou du cousin. Il m'a fallu investir dans des pneus, un dérailleur, un guidon. Je me suis résigné à cet aménagement parce que je ne peux pas m'offrir un vélo neuf. Mais à chaque bricolage supplémentaire, j'ai l'impression d'entendre le cousin Edmond ricaner derrière moi. Plus jamais je ne me laisserai provoquer par sa grossièreté, son arrogance, et ses pièges dans lesquels ma candeur m'a fait tomber.

Un matin de septembre, alors que mon père est reparti à Paris, Marc et Léone arrivent pour nous proposer de venir passer deux jours au chalet de Malbuisson. Marc, qui devine mon hésitation, précise très vite :

« Mes parents sont à Vesoul. Ils ne reviendront que pour la braderie.

– Aubin nous accompagnera », ajoute Léone pour achever de me convaincre. Nous nous offrons deux jours de vacances.

Ce bref séjour me marquera très profondément.

Non seulement Aubin est là, mais deux de ses frères sont absents. Et Éric, le benjamin, est trop jeune pour prétendre se mêler à nous. Aussi, mon petit cousin et moi désertons le chalet où nos mères discutent. Nous évitons aussi le bord de l'eau, où nos pères se sont isolés pour pêcher. Nous nous offrons de longues randonnées dans les bois de pins avoisinants...

La veille de notre retour à Besançon, Aubin se confie à moi. Il évoque une certaine Agnès, dont il a fait récemment la connaissance. Évasif, il me demande si je fréquente quelqu'un. Ma réponse est, hélas, ambiguë :

« Oui. Une jeune fille est entrée dans ma vie. Mais c'est un peu compliqué. Car moi, je ne suis pas encore entré dans la sienne. »

Il ne m'en demande pas plus. Nous avons autant de pudeur l'un que l'autre. Cette jeune fille, l'an dernier, a passé une semaine avec nous, au village. Edmond l'a vue sans se douter des sentiments que j'ai pour elle. Son premier regard a été pour ses pieds. En voyant les tongs qu'elle portait, il a capitulé. D'instinct, il se méfie de ceux qui ont les orteils à l'air et portent plus d'attention à ce qu'ils ont dans le cœur qu'à ce qu'ils mettent aux pieds.

Quand je parle à Aubin de mes lectures récentes, il hoche la tête.

« Avec le travail du magasin, je n'ai même plus le temps de lire. Sais-tu que parfois, le dimanche, je me réveille si tard que je rate la messe ? »

Je ne pense pas que ce soit un si gros péché.

« Pourtant, reprend-il, j'aurais aimé... »

Il hésite et se tait, découragé.

À quoi bon dresser la liste de tout ce qu'il aurait aimé ?

Ses réponses, je les devine sans qu'il les formule.

Dans le soir qui s'annonce, nous revenons lentement au chalet. Une fois quittée la forêt, le lac, en contrebas, semble presque jaillir sous nos pas. Le ciel mauve s'y reflète tout entier. Une vraie carte postale.

« Écoute ! me chuchote soudain Aubin, aux aguets. C'est un moment très particulier. L'instant où le jour bascule et où la nuit apparaît. »

Il a raison. Au loin, un oiseau inconnu jette un dernier appel plaintif.

Puis, plus rien.

Aubin me désigne, sur la rive opposée du lac, l'étoile du berger. Elle sombre, se noie dans l'enchevêtrement des arbres qui barrent l'horizon. L'astre clignote encore par intermittence.

Puis il disparaît, happé par la nuit.

D'une voix à peine audible, Aubin murmure :

« C'est fini. »

Je frissonne, mais ce doit être la fraîcheur qui tombe.

Nous sommes très en retard pour le dîner, mais personne ne nous le reprochera. La soirée s'achève, douillette et paisible, avec Eric qui s'assoupit, lové dans le giron de Léone. Son grand frère l'observe avec un œil attendri.

« Tu ne nous fais plus de tels câlins, maman... note-t-il de sa voix triste et paisible.

– Voyons, Aubin, tu es trop grand. Tu auras 17 ans en janvier ! »

Le lendemain matin, nous nous levons et partons avant l'aube, Marc et Léone doivent assurer l'ouverture du magasin ; ils nous déposent au village avant 9 h.

Edmond arrive chez nous vers midi. Il vient embaucher ma mère pour la braderie. C'est ce qu'elle me résume à la hâte en entrant dans la chambre où je me suis cloîtré. Elle fourre quelques affaires dans son sac, m'explique :

« Mon cousin m'attend, je repars

avec lui. Je ne te demande pas si tu m'accompagnes. »

C'est inutile, en effet. Pourtant, j'irais volontiers faire un saut à Besançon aujourd'hui. Non pas en ville, mais à la réserve de la propriété ; hier, Aubin m'a confié qu'il y travaillerait toute la journée.

Après avoir déjeuné, je me mets à écrire, mais mon esprit est ailleurs. Vers 15 h, je décide de partir. En vélo. Ainsi, je serai indépendant. Si le cousin se pointe, je pourrai aussitôt filer.

Je me félicite d'avoir eu cette idée : à peine ai-je posé ma bicyclette à l'entrée de la réserve qu'Edmond en jaillit. Il fulmine.

« Et c'est aujourd'hui qu'il décide de foutre le camp ? Aujourd'hui samedi, le jour de la braderie ? Au moment où il sait qu'on a le plus besoin de lui ? »

J'ai eu à peine le temps de me plaquer contre le mur. Précaution inutile, mon cousin a d'autres soucis.

« Ah, ce petit fumier ! Quand je remettrai la main sur lui... Eh bien, le Crouillat, tu rêves ?

– Non, m'sieur Edmond. J'arrive ! »

Labro surgit à son tour du hangar, il rejoint son patron dans la camionnette. Le véhicule démarre sur les chapeaux de roue et disparaît. Au moment où je m'apprête à enfourcher mon vélo, j'aperçois Mic. Il se tient sur le seuil, blême, en costume-cravate.

« Mic... Ça va ? Je te croyais au magasin.

– J'y étais. Grand-père m'a ramené ici afin que je l'aide à charger un lot de chaussures.

– Et tu ne retournes pas là-bas avec lui ?

– Non. Puisque Aubin est parti, je dois rester ici en attendant qu'il revienne.

– Aubin, parti ? Mais où ?

– Je ne sais pas. »

D'habitude, Mic est plutôt un joyeux luron, à l'image de son père. Là, il semble pétrifié. Il s'apprête à prendre une pile de cartons, mais il renonce, ses mains tremblent. J'aime bien le frère cadet d'Aubin. Il est fin, intelligent, plein d'humour. Il possède une assurance qu'ont rarement les garçons de 15 ans. Mais je sais qu'il n'en mène pas large devant son grand-père, même si celui-ci l'a à la bonne, comme on dit.

« Mic... Que s'est-il passé ? Edmond t'a fait des reproches ?

– Non. C'est avec Aubin qu'il s'est disputé. »

À en juger par sa pâleur, le mot est faible. *Disputé*... ce terme m'étonne aussi parce qu'il suppose un échange.

Aubin aurait-il répliqué à son grand-père ? Se serait-il révolté ?

J'essaie d'en apprendre davantage.

« Et puis ?

– Mon frère a planté là grand-père, alors qu'il lui ordonnait de revenir. »

C'est bien ça. D'une certaine façon, la réaction d'Aubin me rassure. C'est plus sain de vider un abcès.

« Mais tu sais où il est ?

– Non. Comme il n'était pas revenu au bout d'un quart d'heure, Labro et moi l'avons cherché partout. Dans le parc, la cabane, la maison... et même dans la propriété. »

Mic me désigne la villa du cousin, le

dernier endroit où Aubin aurait été se réfugier.

« À mon avis, ajoute-t-il, il est vraiment parti.

– Parti... en ville ? Ou chez votre grand-mère, à Pontarlier ?

– Il n'a pas pris son vélo, j'ai été vérifier dans le garage. »

J'essaie d'imaginer Aubin, caché quelque part ou errant dans les rues de Besançon. À moins qu'il ait pris le train ? Ou décidé de pousser à pied jusqu'au village ? Non, je l'aurais croisé en venant.

« Excuse-moi, dit Mic en me désignant la réserve, j'ai à faire. »

Je le sais. Et aujourd'hui, Edmond n'a pas l'air d'humeur à fermer les yeux sur un retard ou un impair.

L'idée qu'Aubin aurait pu venir se

réfugier chez nous me pousse à revenir au village. Bien sûr, la maison est fermée, personne n'est venu.

Je retourne dans ma chambre, où je me remets à écrire. Jusqu'au soir.

Quand Labro, vers 20 heures, dépose ma mère devant notre petit jardin, il n'arrête même pas le moteur de la camionnette, il repart sans même m'avoir adressé un signe.

« Eh bien ! Que se passe-t-il ? Labro a l'air d'en faire une tête !

– Ne m'en parle pas ! répond ma mère. Quand il est venu me chercher au magasin, il était en larmes. Je l'ai pressé de questions, mais il n'a pas voulu me répondre.

Il n'arrêtait pas de répéter : c'est terrible, c'est terrible ! Je n'ai pas pu lui arracher autre chose. »

Aussitôt, je pense à Aubin. J'explique à ma mère que je me suis rendu en vélo à la propriété, où une dispute l'avait opposé à son grand-père.

« Je n'étais au courant de rien, m'avoue-t-elle. Au magasin, Edmond n'a pas évoqué le moindre incident. Léone est partie vers 16 heures. Une heure plus tard, Marc a reçu un coup de téléphone, et il a filé à son tour. Aucun d'eux n'est revenu jusqu'à mon départ. »

La réponse, nous l'avons deux heures plus tard, quand une voiture s'arrête devant la maison, au moment où nous nous apprêtons à monter nous coucher.

C'est Léone. Seule. Elle est en larmes. Ce n'est pas un chagrin violent, bruyant, désespéré, non. C'est une douleur discrète, retenue, à l'image de cette femme douce, pudique et effacée. Ma mère et moi devinons qu'un drame s'est produit. Mais nous sommes loin d'en mesurer la gravité. Émue et stupéfaite, ma mère prend Léone dans ses bras. Elle n'a pas besoin de l'interroger.

« Aubin est mort », nous dit-elle entre deux sanglots.

Mort. D'abord, je ne peux y croire. Ce mot incongru suppose une réalité encore inconcevable.

« Il s'est pendu dans la cave. »

Une réprimande fait plus d'impression
sur l'homme intelligent
Que cent coups sur l'insensé

Proverbes (chap. 17, v. 10)

« Mic l'a trouvé, en fin d'après-midi... Il s'inquiétait de l'absence prolongée de son frère... Il a aperçu de la lumière dans l'escalier qui mène à la cave. Mais Aubin s'était enfermé. Mic a dû enfoncer la porte... »

Ma mère oblige Léone à s'asseoir. Elle raconte, pleure, raconte. Ma mère pleure, elle aussi. Moi pas. Le choc de cette nouvelle est si violent qu'il me laisse sans réaction, sans larmes, sans voix.

Au fur et à mesure que Léone s'épanche, je visualise la scène malgré moi : Mic découvrant son frère pendu, essayant d'entrer dans le réduit où Aubin s'est réfugié.

« Il n'y avait plus rien à faire... C'était fini depuis longtemps... »

C'est cela qui me stupéfie. Un suicide, c'est souvent un appel au secours. Un cri :

« Je veux qu'on m'entende. » Avant de tenter un geste désespéré, on laisse un avertissement, un signe ici ou là, parfois malgré soi. On se garde une porte de sortie. Une possibilité d'en réchapper. En prenant des médicaments, on peut espérer se rater, ou finir par se réveiller. Et si l'on se jette à l'eau, un inconnu peut toujours plonger...

Là, Aubin a agi seul, en silence. Il ne s'est laissé aucune chance.

Malgré moi, je pense au choix qu'il a effectué. À cette façon d'en finir. Il y a mille et une façons de mourir. À mes yeux, il a choisi la pire. Une ultime façon de se dénigrer. Du plus ignoble des meurtriers, on dit parfois qu'il ne mérite pas le prix de la corde pour le pendre.

Peu à peu se fait jour en moi l'horreur de la réalité...

Aubin n'existe plus.

Je n'entendrai plus sa voix paisible et résignée, je ne répondrai plus à son sourire mélancolique et confiant. Un accablement m'envahit dont je ne mesure pas encore la portée. Aubin... **Aubin, mon Dieu, mais qu'as-tu fait ? Quel coup de folie t'a saisi ?** Quel désespoir trompeur t'a envahi ? Pourquoi as-tu, d'un coup, décidé de mettre fin à ta vie ?

« Il n'a laissé aucune explication, aucun mot, poursuit Léone de sa voix chavirée. J'ai appelé Agnès. Agnès, c'était son amie. Je pensais... qu'ils auraient pu avoir un différend, qu'elle avait envisagé de le quitter. Mais non... elle a été bouleversée, terrifiée. Il ne lui avait rien dit, il ne lui a pas écrit... »

Ma mère ne trouve pas les mots capables de consoler Léone, il n'y en a pas. À l'issue d'une longue maladie, on peut évoquer la fin des souffrances. Après un accident, on se risque à parler de la fatalité.

La mort, on essaie toujours de la juger explicable, supportable, justifiable.

Aubin, ta mort est insupportable. Et injustifiée.

« Il faut que j'y aille, murmure Léone. Je dois rejoindre les garçons. Marc… Et Mic… »

Mic qui, désormais, vivra avec ce cauchemar permanent. L'image de son aîné qu'il a découvert, qu'il a détaché, qu'il n'a pas réussi à sauver. Je comprends pourquoi Léone est venue ce soir. Ce n'était pas vraiment pour nous prévenir. Il lui fallait fuir le lieu du drame, parler, s'épancher, reprendre haleine.

Maintenant, elle doit rejoindre l'enfer.

« Léone, lui dit ma mère, vous ne

pouvez pas vous en aller ainsi. Nous vous accompagnons.

– Non... non. Laissez-moi. Je repars. »

Elle repart. Oui, puisqu'elle vit, il lui faut repartir.

Je me demande comment elle effectuera ces six kilomètres, j'imagine ce qui l'attend à son retour dans cette maison.

Ma mère et moi pleurons en silence, nous nous quittons pour la nuit sans échanger un mot. Ce que nous dirions serait ridicule ou raviverait notre chagrin.

Cette nuit-là, je ne dormirai pas. Je prie.

Je prie pour Aubin qui, je le sais, est au ciel. Il aura éternellement 16 ans, il est devenu un ange, il a sa place auprès de ma tante et dans mon cœur. Mais malgré moi, j'interpelle Dieu. Je tente de comprendre pourquoi Il a permis ce geste. Il est vrai qu'Il a autorisé mille autres horreurs. Des millions de morts innocentes pendant la Grande Guerre, celles de soldats qui n'avaient pas 20 ans et ne voulaient pas mourir. Celles de millions de victimes, hommes, femmes, enfants, dans les camps nazis. Celles de milliards d'humains qui, depuis des siècles, se battent quotidiennement avec la faim, la soif, les cataclysmes, les inondations, l'exploitation, les conflits, la misère, la maladie…

Pourquoi a-t-Il voulu le rappeler si tôt à Lui ? Serait-ce pour lui éviter un destin encore plus horrible ? Qui sait ?

Les desseins de Dieu sont impénétrables. C'est ce que répétait ma tante Marie. Elle affirmait aussi que chacun, au bout de sa vie, avait eu sa part de bonheurs et de peines. Cette affirmation m'avait troublé.

Autour de moi, je constatais de plus en plus que certains vivaient longtemps, heureux et sans soucis, alors que d'autres mouraient jeunes après avoir enduré un lot intolérable de misères.

« Mais au moment du Jugement dernier, Dieu rétablit la balance ! » concluait ma tante.

Cette balance, elle me préoccupe. J'ignore encore pourquoi, mais je voudrais être là, avec Aubin, pour saisir le fléau à pleines mains et faire pencher le plateau du bon côté.

Avec l'aube, mes pensées s'effilochent et le cauchemar de la réalité ressurgit : Aubin est mort.

C'est dimanche. Au village, je me rends à la messe et je suis l'office avec une piété dont je ne me croyais pas capable. Puisque Aubin vient de rejoindre les anges, j'ai besoin de l'entendre. Son arrivée au paradis est si récente qu'il doit encore pouvoir me faire signe, me parler. Aujourd'hui, ma mère m'accompagne. Je lui en ferais presque le reproche. Combien de fois, en me voyant potasser à la veille d'un examen, m'a-t-elle répété que seul le travail régulier paie, et que ce n'est pas trois jours avant l'épreuve qu'il faut y songer ? Mais ici, la disparition d'Aubin semble imposer des prières urgentes.

À la fin de l'office, je ne sais pourquoi j'ai envie d'aller trouver le curé. De même que Léone hier est venue vers nous, j'aimerais me confier à lui ce matin. **Un prêtre, c'est un peu un médecin. Quand l'âme est soudain souffrante, il doit posséder un remède.**

Hélas, aussitôt la messe dite, il file vers le village voisin. Si Dieu a travaillé six jours et s'est reposé le septième, ses représentants font l'inverse : le jour du repos des hommes est le plus actif des abbés.

La journée coule lentement. Inutile de lire ou d'écrire. Pas question d'aller se promener. Je ne peux que réfléchir, ruminer... Ma mère écrit à mon père. Ce qui la préoccupe à présent, c'est la date de l'enterrement.

Reclus, nous attendons des nouvelles, une visite.

Mais le soir tombe sans que personne ne soit venu. Nous échafaudons mille hypothèses. Demain, à la première heure, j'irai à la propriété, en vélo. En attendant, ma mère m'oblige à avaler un petit somnifère.

« Moi aussi, me dit-elle, j'en prends un. Il faut dormir. »

Au moment où je commence à sombrer dans le sommeil, Léone arrive. À la même heure que la veille. Bien que le cachet commence à faire effet, je me lève.

Comme hier, elle est venue seule. Elle a rejoint ma mère dans la cuisine. On aurait pu imaginer que son chagrin se serait apaisé. Mais non : cette fois, il est violent, infini, désespéré.

Ma mère ne parvient pas à le calmer.

Dans ma demi-conscience, je comprends qu'il est question des obsèques. Elles auront lieu mardi. Et la stupéfiante nouveauté, c'est ce que Léone ne cesse de répéter :

« Non, il n'y aura pas de messe, pas d'office... rien ! Le prêtre refuse l'enterrement religieux. »

Pour une mère croyante, je comprends alors que ce qui est pire que la mort d'un fils, pire que son suicide, c'est qu'on lui refuse le secours de Dieu.

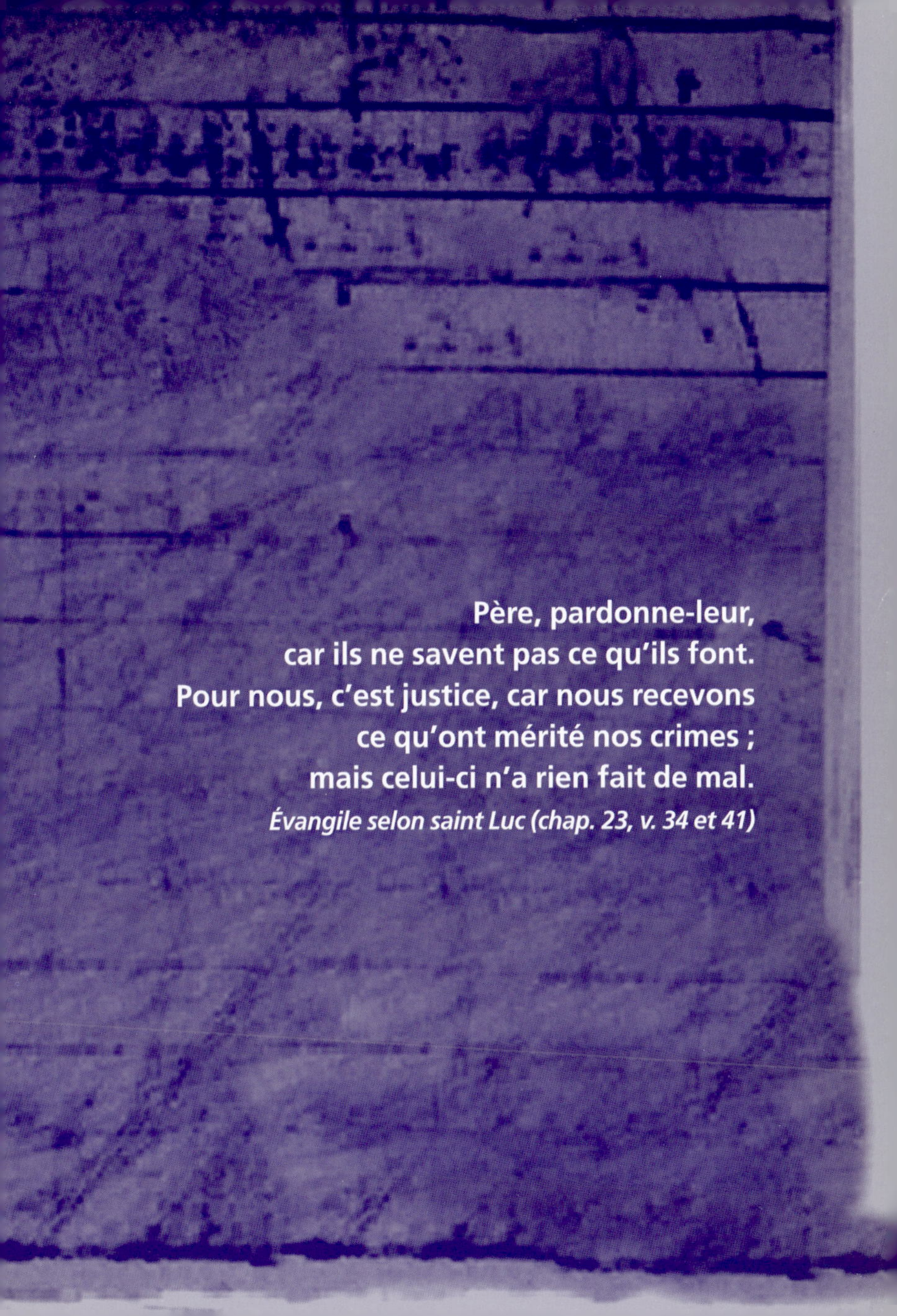

Père, pardonne-leur,
car ils ne savent pas ce qu'ils font.
Pour nous, c'est justice, car nous recevons
ce qu'ont mérité nos crimes ;
mais celui-ci n'a rien fait de mal.

Évangile selon saint Luc (chap. 23, v. 34 et 41)

Ce somnifère a été providentiel et catastrophique.

Providentiel, car j'ai dormi. Catastrophique, parce que je me suis réveillé à midi.

Et on est lundi.

Sans prendre le temps de me laver ni de déjeuner, je m'habille et me précipite sur mon vélo. Au village, l'église est fermée. J'ignore où habite le curé. Où trouver un prêtre ? Bien sûr : à la cathédrale. Là-bas, il y aura un responsable.

Et je le convaincrai.

En pédalant, j'affûte mes arguments : Aubin ne peut pas être enterré ainsi. Non, pas lui ! Ce suicide est un coup de folie, un acte incontrôlé qui n'a pas été mûri, ni librement décidé.

C'est un accident déguisé.

CE SOIR-LÀ, DIEU EST MORT

À cette heure, l'intérieur de l'édifice est quasiment désert. Au premier rang, deux vieilles femmes agenouillées et vêtues de noir semblent faire partie du décor.

Où se cache le curé ? Pourquoi, comme dans les hôpitaux, n'existe-t-il pas dans les églises un service d'urgence ?

Tout à coup, j'avise le confessionnal, qu'une jeune fille coiffée d'un châle vient de quitter pour rejoindre un prie-Dieu. Un prêtre se trouve donc là ! Je me précipite et je m'agenouille.

Je ne me suis pas trompé : derrière le grillage de bois, je distingue une silhouette vêtue de violet qui, elle aussi, se levait, s'apprêtait, faute de client, à abandonner son abri.

« Mon père, je m'accuse parce que j'ai péché... »

D'instinct, en m'installant, mains jointes et tête baissée, j'ai récité la formule consacrée. Mais je rectifie aussitôt :

« En fait, mon père, ce n'est pas exactement pour une confession que je viens. »

Je devine l'étonnement du prêtre. Dans l'obscurité, ses traits sont imprécis.

« Je viens implorer votre secours pour l'enterrement de mon petit cousin. »

Un long silence répond à mon aveu. Derrière le croisillon, le prêtre s'agite, toussote. Il finit par se lever et murmure :

« Puisque ce n'est pas une confession, venez. »

Il sort et je me lève pour le rejoindre. À ses rondeurs de moine, je l'identifie aussitôt : c'est le petit prêtre tonsuré qui dit la messe dans la cathédrale. Je le sens tendu, nerveux, embarrassé.

« Votre petit cousin s'appelle ?...

– Aubin. C'est...

– Je sais qui est Aubin. Je connais bien ses parents. Et son grand-père. »

Il ne pouvait en être autrement. C'est ici qu'Aubin a fait sa première communion, c'est sa paroisse ! Me trouver en pays connu me semble être un atout. D'une voix vibrante, trop forte pour la sérénité des lieux, je reprends :

« Mon père, il faut qu'Aubin ait un enterrement religieux !

– Venez. »

Le prêtre me fait traverser la nef et entrer dans la sacristie. Je m'y sens moins à l'aise que dans la cathédrale, où un petit lumignon rouge témoignait de la présence de Dieu. Bien que je sollicite l'appui d'un de ses représentants, c'est surtout à

Lui que je veux m'adresser, et je n'ai rien à cacher.

« Mon fils, me dit le prêtre à voix basse, je suppose que vous savez ce qui est arrivé ?

– Oui. Aubin est mort.

– Ignorez-vous qu'il a attenté à sa propre vie ? »

Cette circonvolution me semble un artifice oratoire. Je veux appeler un chat un chat.

« Je le sais, mon père. Il s'est suicidé. Il s'est pendu.

– C'est un acte grave. Très grave. »

Le prêtre marque un long silence. Puis, comme je ne réplique rien, il ajoute :

« C'est un péché mortel. »

Mortel, oui, je le sais puisque Aubin en est mort. En cette circonstance, la notion de péché me semble moins évidente.

Pourtant, la réalité que j'ai voulu me cacher jusqu'ici s'impose, et je la connaissais : les suicidés seront damnés, c'est écrit. Damnés comme Judas, qui lui aussi s'est pendu. Un nouveau gouffre s'ouvre sous mes pieds.

Voilà pourquoi Aubin a tant besoin qu'on vienne à son aide !

« C'est lui qu'il a tué, mon père, lui ! Ce n'est pas un assassin ! »

Non, mais d'après ce que le prêtre m'explique, c'est pire. Car un assassin, lui, se confesse, il a les moyens de se racheter. Dieu peut lui pardonner si son repentir est sincère. Ainsi, le larron qui a été crucifié à côté de Notre Seigneur...

« Mon père, il n'est pas question du larron. Ni d'un criminel. Mais de mon petit cousin. Il est innocent. Vous le connaissiez ? »

Il se contente d'approuver en hochant la tête.

« Alors vous savez combien il était discret, tourné vers les autres, modeste, attentif à Dieu. C'était la gentillesse même !

– Oui. »

Une bouffée d'espoir m'envahit. Ainsi, ce prêtre connaissait bien Aubin ! Et je parviens à le faire fléchir !

« Je ne peux rien faire, mon fils. L'acte qu'il a commis...

– Mais Aubin n'a rien fait. Il s'est cru indigne et coupable. Il a retourné contre lui-même une colère qu'il aurait dû exercer contre celui qui le tourmentait ! »

Un silence glacé suit ma déclaration spontanée. Je sens que le prêtre commence à regretter de m'avoir admis ici. Serais-je un loup entré dans sa bergerie ?

« Savez-vous, mon père, à la suite de quoi Aubin a commis ce geste désespéré ? »

Je commets l'erreur de lui relater l'incident tel que Mic me l'a rapporté. Je lui suggère même que le vrai responsable...

Impératif, il m'interrompt d'un geste.

« Que voulez-vous insinuer ? Je connais aussi M. Edmond. »

Évidemment. Sûrement depuis plus longtemps que son petit-fils.

« C'est un homme important, pieux, généreux. Il a beaucoup fait pour la paroisse. »

La petitesse et les rondeurs de ce prêtre sont trompeuses, elles cachent un homme hautain et intransigeant.

« Vous vous livrez, mon fils, à d'étranges médisances. Savez-vous que la calomnie est aussi un grave péché ?»

Je comprends trop tard ma bévue, j'ai ouvert une faille dans laquelle le prêtre se précipite, ce qui lui permet de dévier du sujet.

« Il n'est pas question de moi ! Mon père, il faut qu'Aubin ait un office. Songez... »

Le rituel me revient en mémoire.

« Songez qu'il n'a pas eu les derniers sacrements, ni l'extrême-onction ! »

Une fois de plus, le prêtre approuve en soupirant. Comme s'il n'était plus temps. Quels arguments pourrais-je utiliser ?

« Mon père, je vous en supplie ! Vous savez ce qui attend Aubin ? Ce n'est pas possible ! »

Je n'ose moi-même prononcer le mot, ne serait-ce que dans mon esprit, tant ce qu'il représente me terrifie : l'enfer. Je répète :

« Ce n'est pas possible ! Vous ne pouvez pas autoriser cela !

– Mon fils, je n'autorise rien. Ce n'est pas moi, le juge. »

Cet argument me laisse perplexe. D'une certaine façon, il a raison. C'est Dieu qui, en dernier recours, décidera.

Mais alors, si l'on n'a pas besoin des prêtres, s'ils refusent d'assumer leur rôle d'avocats dans les cas extrêmes, s'ils ne plaident pas la cause de ceux qui ont le plus besoin d'être défendus, alors... à quoi servent-ils ?

Peut-être a-t-il deviné le cheminement de ma pensée. Pour la première fois, derrière l'homme d'Église, je distingue l'individu. L'habit que porte ce prêtre est davantage qu'un costume, c'est une carapace derrière laquelle il se cache.

« Mon fils, me dit-il dans un souffle. Je suis désolé. Mais je ne peux pas. Je ne peux pas... Je n'ai pas le droit. »

Cet aveu me stupéfie. De quoi a-t-il peur ? De qui ? De sa hiérarchie ? De Dieu ? De lui-même, incapable d'affronter une contradiction, de se plier à une exception ?

« Le suicide est un péché impardonnable, mon père, je le sais. »

Le prêtre m'approuve, étonné que j'abdique. Or je poursuis :

« Mais d'une certaine façon, Notre Seigneur ne s'est-il pas suicidé, lui aussi ?

– Comment ! »

Le prêtre ne peut pas en dire davantage. La stupéfaction l'étouffe.

« Mais oui : Jésus savait ce qui allait lui arriver. Il connaissait celui qui l'avait trahi ainsi que le moment et le lieu de sa dernière heure. Dans le jardin, sur le mont des Oliviers, au lieu de se livrer à la prière, il aurait pu fuir, échapper à cette mort qui l'attendait ! Mais non : il s'y est résigné. Il a accepté qu'on l'arrête, il a même adressé les pires reproches à ceux qui tentaient de le défendre ! Comment appelleriez-vous cette façon d'accepter de mourir ?

– Un sacrifice ! C'est pour nous que le fils de Dieu est mort sur la croix ! Ce que vous suggérez est un épouvantable blasphème. »

Eh oui, Aubin, lui, n'était pas Jésus. Non seulement il était mort pour rien, mais il avait refusé son propre salut.

Je suis atterré.

« Mon père, Aubin n'est pas responsable de sa mort. »

Pourtant, Dieu l'avait autorisée. Au moment où mon petit cousin avait accompli son geste fatal, Il n'avait pas, comme pour Abraham, retenu sa main. Il l'avait laissé faire – c'était impensable.

« Chacun de nous dispose de son libre arbitre, murmure le prêtre.

– Et le vôtre, aujourd'hui, vous conseille de ne pas intervenir ? »

D'une voix sèche qui marque la fin de notre entretien, le prêtre me déclare :

« Je pense que vous êtes en état de péché. Et que vous devriez vous confesser. En attendant, je vous recommande de prier. Pour votre salut. Et celui de votre petit cousin. »

Prier ? Pourquoi le ferais-je, puisque Aubin est condamné ? Puisque le prêtre lui refuse son secours ?

On peut prier pour une âme en espérant qu'elle gagne le paradis. Mais pourquoi prier pour quelqu'un qu'on vient de condamner à brûler pour l'éternité ?

Pourtant, je reste dans la cathédrale et je prie, en effet.

Depuis que je connais Aubin et Edmond, j'ai côtoyé un ange et un démon. Faut-il croire que le démon aurait sa place au paradis et qu'en ce moment même l'ange brûle en enfer ?

Puisque ce Dieu ne veut pas sauver Aubin, je suis sûr qu'il en existe sûrement un autre, dans une autre religion, pour lui accorder le pardon et l'accepter dans son paradis. Mais lequel ? Et Aubin a-t-il une chance d'y être admis ? Existe-t-il, chez les musulmans, les juifs, les orthodoxes et les autres, un lieu paisible où seraient acceptés les suicidés ?

L'idée seule de ce lieu, même théorique, quel qu'il soit, où se retrouveront au

Jugement dernier toutes les âmes rescapées, me pose un problème de taille. Car durant les conflits, qu'il s'agisse des vieilles croisades ou des guerres récentes, les hommes n'ont cessé de tuer, au nom de Dieu. Avec, dans un camp comme dans l'autre, la bénédiction des prêtres, convaincus qu'Il était de leur côté.

Serait-il alors possible d'accéder au paradis en assassinant ses semblables et d'être condamné à l'enfer parce qu'on a attenté à sa propre vie ?

Tandis que se déroule ce combat intérieur, l'obscurité envahit peu à peu la cathédrale. Et les paroles qu'Aubin a prononcées, lors de notre dernière soirée au bord du lac, me reviennent en mémoire : *C'est l'instant où le jour bascule et où la nuit apparaît.*

Moi aussi, je sens que je bascule, que je tombe.

« C'est fini. »

Le vide se fait. Et l'évidence éclate dans un cataclysme désespérément silencieux.

Ici règne l'absence de Dieu.

Il était là, Il n'y est plus.

Pourtant, sa présence évidente, inévitable et nécessaire, m'a longtemps accompagné, bercé, réconforté. Jésus et Lui étaient mes guides, sans compter le mystérieux Saint-Esprit.

Désormais, je ferai sans Eux. Il le faudra bien.

Faire avec, disent mes parents.

Oui, il me faudra faire avec cette absence. C'est ce qui sera le plus douloureux. Car la foi était mieux qu'un moteur puissant. C'était un compagnon fidèle et permanent. Désormais, elle vivrait dépouillée de toute croyance et d'espérance. Elle n'en serait que plus sincère et plus forte. Je n'aurais plus, en filigrane, le désir de faire le bien pour sauvegarder mon âme. Non. Ce serait la foi de Dom Juan. L'année précédente, j'avais assisté à la représentation de cette pièce de Molière et une scène m'avait frappé, celle qui oppose Dom Juan au mendiant auquel il ordonne de blasphémer, après quoi il lui donnera un louis d'or. Le mendiant refuse, mais Dom Juan lui abandonne quand même la pièce en affirmant, avec une stupéfiante audace : *Je te la donne pour l'amour de l'humanité.*

Ce soir-là, je ne rejette pas les préceptes qui, jusqu'ici, m'ont été enseignés. Ces principes généreux et forts me conviennent parfaitement : la charité, la compassion, l'amour du prochain, le désir – plus que le devoir – de faire le bien. Cette religion d'amour et de tolérance m'allait comme un gant. Mais ce gant qui a modelé ma main, je peux l'abandonner à présent. Les gestes que j'ai appris, je me sens assez fort pour les répéter durant ma vie future.

En revanche, accepter, baisser la tête, plier devant l'injustice ou l'insulte... cela, je ne le ferai plus. Non pas par fierté ou amour-propre, mais parce que dans ce monde où les pires crapules semblent faire la loi, se taire ou tendre l'autre joue entraîne les pires catastrophes. Pour autant, je ne me sens pas le droit de répliquer ni de frapper. Mais celui de réfléchir et de contester.

Le roman que j'ai lu et relu, le journal intime qui m'a bouleversé me revient en mémoire : *Dieu parlera ce soir.*

Ce soir-là, Dieu ne dit rien, il ne me répond plus.

Ce soir-là, Dieu est mort.

Je sais qu'il me faudra maîtriser les conséquences qui peu à peu se dessinent. Notamment ma disparition totale.

C'était une idée bien réconfortante, de penser à cette éternité qui, hélas, vient de se réduire au vide absolu. Une idée moins rassurante pour soi que pour ceux qu'on aime : quelle perspective apaisante, de croire qu'on va les retrouver, que nous baignerons à jamais dans une éternelle félicité !

La mort qui m'attend est l'absence de conscience et de connaissance.

Le néant.

Après moi, qu'adviendront-ils, ceux que je vais abandonner, vivants, sur la Terre ?

CE SOIR-LÀ, DIEU EST MORT

Je songe au pari de Pascal... Eh bien, désormais, je refuse de jouer. Cette arithmétique de la foi m'a d'ailleurs toujours paru suspecte. Comment peut-on croire par intérêt ?

Pour croire, il faut douter.

À présent, je ne doute plus. Même si cet athéisme brutal exige de ma part un courage inattendu.

La justice des hommes n'est pas infaillible, je le sais bien.

Mais la justice divine, elle, n'a pas le droit de se tromper.

Celui qui absout le coupable
et celui qui condamne le juste
Sont tous deux en abomination à l'Eternel.

Proverbes (chap. 17, v. 15)

Quand je rentre au village, il fait nuit. Je trouve ma mère en pleurs, elle était folle d'inquiétude. Je la réconforte. Étrange : je me sens accablé, mais plus fort et plus vieux. Ma mère, elle, me semble tout à coup plus fragile et plus petite.

Nous passons ce mardi dans l'ignorance. Si des obsèques ont lieu, nous n'y assistons pas.

Le soir, à la même heure tardive, Léone revient nous voir.

Toujours seule.

Désormais, elle sera seule, je le sais, même entourée de son mari et de ses enfants. L'abîme qui s'est ouvert sous ses pieds sera toujours aussi béant.

Elle est calme – mais pas résignée.

Elle ne pleure pas – sa peine est au-delà des larmes.

CE SOIR-LÀ, DIEU EST MORT

C'est d'une voix presque froide et détachée qu'elle nous raconte l'enterrement civil.

« Il n'y a pas vraiment eu de cérémonie. Ma sœur a prononcé quelques mots. Réjane, en parlant d'Aubin, a seulement ajouté : c'est dommage, il commençait à bien se débrouiller, au magasin... »

La précision désespérante du jugement de sa belle-mère lui arrache une grimace. Cette oraison funèbre, elle ne pourra l'oublier.

« Edmond a voulu ajouter quelque chose, mais mon beau-frère l'a interrompu, il était furieux, excédé. Il s'est précipité sur Edmond et l'a roué de coups de poing. Les deux hommes en sont venus aux mains, il a fallu les séparer... »

J'ai envie de demander : Et Marc, Léone ?

Et ton mari ? Qu'a-t-il fait, lui ? Comment a-t-il réagi ? Mais elle n'en parle pas. Il est évident que le père d'Aubin n'a rien dit. C'est moi qui déclare à voix basse :

« Léone, il faut partir.

– Partir ?

– Oui. Tu dois quitter ces lieux, la maison, la propriété... »

À mon grand étonnement, ma mère approuve :

« Christian a raison, Léone. Vous ne pouvez pas rester là. »

Elle hausse les épaules, plaide avec une résignation qui me déchire :

« Ce n'est pas possible, vous le savez bien. D'ailleurs, Marc ne voudrait pas. Et puis il y a notre travail, nos engagements, le magasin... »

Je sais qu'elle ne partira pas.

Elle pliera, se soumettra, quitte à risquer de nouveaux désastres.

« Marc et moi, avoue-t-elle, nous serons toujours d'éternels enfants. »

Sa soumission est une défaite à perpétuité.

Marc et Léone, en effet, ne sont
jamais partis.
De ma vie, je n'ai plus revu
mon cousin Edmond.
Six mois après la mort d'Aubin,
j'ai appris qu'il avait reçu
la Légion d'honneur.

J'ai perdu la foi, mais je crois.
Je crois à la vertu des mots amour,
compassion, fraternité, tolérance.
Je crois le bonheur possible s'il rime
avec le partage.
Et je veux l'avenir plus doux que le présent.
Si j'ai perdu la foi, j'ai gardé l'espérance.

Christian Grenier

**Vous voulez correspondre
avec les auteurs de Confessions,
vous pouvez alors vous connecter sur :
confessions@lamartiniere.fr**

Dans la même collection :

Anne Castries, Une adolescence douce-amère
Yaël Hassan, Hé, petite !
Susie Morgenstern, Confession d'une grosse patate
Bernard Friot, Un autre que moi
Catherine Leblanc, Un jour, ma vie s'est arrêtée
Jean-Paul Nozière, Tu seras la risée du monde
Sarah Cohen-Scali, Douée pour le silence
Claire Mazard, On s'était dit : Pour la vie
Mikaël Ollivier, Celui qui n'aimait pas lire
Sigrid Baffert, C'est toujours mieux là-bas
Claire Mazard / Hélène Lune, Avec toi, Claire, j'aurais aimé la vie
Rachel Hausfater, Dans la rue du bonheur, perdue
Bernard Friot, Un dernier été
Jean-Paul Nozière, Mais qu'est-ce qu'on va bien faire de toi ?

ISBN : 2-7324-3269-5

Loi n° 49-956 du 16 juillet 1949
sur les publications destinées à la jeunesse

Dépôt légal : mars 2005

Imprimé sur les presses de l'imprimerie France Quercy, France.